명함, 버렸습니다

명함,
버렸습니다

유병덕 에세이

Orum Edition

책머리에

　얼마 전부터 나의 일상에 변화가 왔다. 매일 아침 일어나서 세수하고 정장을 차려입고 나가던 현직에서 물러났다. 그동안 명함이 나의 존재를 대신해 주었다. 만나는 사람마다 명함을 건네면 그들은 내게서 시선을 수습하여 이내 명함으로 옮겼다. 진지한 내 모습보다는 팀장 아무개, 과장 아무개, 국장 아무개로 나타난 명함이 더 그들에게는 소중한 듯 보였다. 정말 나는 허깨비고, 명함이 나의 실체였다.
　이러한 변화는 나뿐만이 아니다. 아내도 마찬가지다. 갑자기 혼자 지내던 자유의 공간이 침범당한 것이다. 마음대로 활동하며 자유로이 쓰던 시간에도 제약이 따르니 그녀도 나만큼이나 혼란스러울 거다. 어느 날 아내는 노골적으로 집에만 있지 말고 밖으로 나가 활동하라고 한다. 아파트 노인정에 가보았다. 그곳에 나오는 이들은 대부분 나이가 나보다 많다. 점 백 화투를 치다가 점심때가 되면 봉사자들이 끓여주는 국수를 먹는다. 그 후 대부분의 시간 텔레비전을 보거나 잡담하면서 시간을 보낸다. 이건 아니었다. 시민대학과 대학의 평생교육원에도 가보았다. 프로그램은 다양하나 내 취향에 맞는 게 없었다.

나는 집안에 내 공간을 만들기로 했다. 아들이 쓰던 방을 활용해 보려고 고민하다가 퇴직한 지인의 집을 찾아가 보았다. 그는 오래전부터 퇴직 후를 준비했다. 서재에 읽고 싶었던 책을 모아 꽂아 놓았고 오디오 시스템에도 큰 투자를 했다. 음반 수집도 많이 했고 음악에 대한 조예도 깊었다. 이뿐인가. 컴퓨터를 이용하여 자유스럽게 세상과도 소통하고 있었다. 이에 자극을 받아 나의 서재를 꾸미기로 했다. 하지만 내가 무엇을 좋아하는지, 무엇을 잘할 수 있는지조차 모른 채 빈방 한가운데서 우두커니 서 있다.

문득 산행하던 기억이 머리를 헤집고 나온다. 산에 오르는 일도 어려우나 내려가는 길도 만만치 않다. 등산할 때는 길을 잘못 들면 산봉우리를 바라보며 다시 방향을 잡을 수 있다. 하산길은 목표 지점이 보이지 않아서 난감하다. 해가 기울고 짙은 어둠이 스미면 속수무책이다. 지도나 내비게이션도 무용지물이다. 곳곳에 세워진 안내 표지판은 낡아서 잘 보이지 않는다. 스스로 길을 찾을 수밖에 없는 노릇이다. 발아래를 살피고 먼 곳을 둘러보면서 더듬더듬 내려가야 한다. 도중에 행인을 마주치면 길을 물어볼 수 있으나, 그 역시 길을 헤매고 있거나 엉뚱한 행보를 하는 경우가 적지 않다.

 이 책은 이러한 하산길 모습을 염두에 두고 썼다. 길을 아는 이는 그 길 밖에 가지 못한다. 저자는 베이비붐 세대 일원이다. 베이비붐 세대는 전쟁의 여운이 채 가시지 않았던 즈음에 태어나 기암절벽에 뿌린 내린 소나무처럼 모질게 살아왔다. 사회를 이끌어가던 기성세대의 권위가 싫어서 청바지를 입고 통기타 둘러메고 새 길을 찾아 돌아쳤다. 귀로에 새로운 길을 찾으려고 수소문해 보았으나 앎이 부족하여 소소한 일상에서 건져 올린 삶의 편린이다. 삶의 조각을 맞추어 보니, 해야 할 일보다 하고 싶은 일을 해야 할 듯하다. 글구멍이 헐거운 부분이 많다. 익지 않은 감처럼 떫은맛이 나서 부끄럽다. 모쪼록 인생의 귀로에 도움이 되길 기대하며 내놓는다.

 언제나 글쓰기 작업에 힘이 되어 주신 강돈묵 교수님, 김영훈 교수님, 그리고 꼼꼼하게 읽고 합평해 주신 문우에게 고마운 마음을 전한다. 또, 바쁜 중에도 출간을 허락해 주고 변변치 않은 글을 정성스럽게 편집해 준 기획출판오름 김태웅 사장님께 깊은 감사를 드린다.

2024년 11월 **유병덕**

▪ 차례

005 _ 책머리에

1부 명함 인생

015 _ 옛 청사에서
020 _ 명함, 버렸습니다
025 _ 자유의 여신상
029 _ 젊은 사장의 돈봉투
033 _ 금강을 보며
038 _ 연리지 아래서
042 _ 대사大使의 한마디
046 _ 아슬아슬한 길
050 _ 살색은 마음의 색이다

2부 황색 신호등

057 _ 서재의 봄

061 _ 말의 멍

066 _ 갑년의 시간

070 _ 소포를 열며

074 _ 황색 신호등

079 _ 미리 가본 요양원

084 _ 흰 지팡이 짚고

089 _ 분갈이하며

093 _ 정말 아리송하다

3부 영농일기

099 _ 빈계산 품에서

103 _ 구름카페

107 _ 메모 한 장

111 _ 누명 쓴 경운기

115 _ 토양검사

119 _ 자전거 옆에서

123 _ 영농일기

127 _ 김삼순 씨

132 _ 아내의 소중함을 깨우쳐준 호미 이야기

4부 돌탑을 보며

145 _ 간격

150 _ 열십(+)자

154 _ 몽돌

159 _ 가시 무도회

163 _ 행운의 열쇠를 보며

168 _ 돌탑을 보며

172 _ 낯선 서핑

176 _ 증조부의 부활

181 _ 천년 고목을 보며

5부 나와 마주하는 길

189 _ 마지막 문자

194 _ 떨어지기

198 _ 나와 마주하는 길

203 _ 나의 잊어버린 우산

208 _ 홀인원의 비밀

213 _ 일그러진 일요일

217 _ 잠보

222 _ 오늘 아침

226 _ 팝 퀴즈 pop quiz

1부

명함 인생

나는 모든 '명함, 버렸습니다.' 자연인 유병덕이다.
햇살은 환했고, 붉은 장미 향은 그 어느 때보다
풋풋하고 향기로웠다.

옛 청사에서

    옛 청사는 고향 집 같다. 묵직한 세월의 흔적이 남았다. 크로노스 시간으로 구순을 넘겼으니 오죽하랴. 담장 옆에 오벨리스크처럼 높이 솟은 은행나무가 낯설지 않다. 인근 병원에서 건강검진을 마치고 나오는데 노란 은행잎이 발목을 잡는다. 옛 관성이 남아 있어서 사부작사부작 걸어서 경내로 들어섰다. 지난 시절 밤을 하얗게 새우던 사무실이 보이자 옛 기억이 머리를 헤집고 나온다.
    가슴속에 수많은 꽃이 피고 질 때다. 젊은 혈기를 가라앉히고 마음잡고 공부하던 중이다. 갑자기 아버지가 돌아가셨다. 재수 없는 놈은 뒤로 넘어져도 코가 깨진다는 말은 내게 적확하다. 어머니

마저 중풍으로 몸을 가눌 수 없게 되었다. 서둘러 결혼하고 아내에게 어머니를 부탁했다. 어쭙잖은 놈이 웅지의 뜻을 펴보려고 고시원을 전전하며 지냈다.

장인이 답답했던 모양이다. 고시원을 찾아왔다. 남자는 결혼했으면 가정을 책임져야 하는 게 상례였다. 호구지책이 급하여 닥치는 대로 시험을 보았다. 마침, 충남도청과 인연이 닿았다. 웅지의 꿈을 접고 출근하던 첫날이다. 허접한 무궁화호라서 그런지 대전역이 멀게만 느껴졌다. 역에 내리자, 석가탄신일 봉축 행사가 화려하다. 도청까지 이어지는 봉축행렬이 장관이다. 시민들이 초라한 내 모습을 위로하는 듯했다.

충남도청이 내 인생에 전부가 될 줄 몰랐다. 아들이 대학을 졸업하고 군대를 다녀와서 결혼할 때까지 근무했다. 이곳은 한 개인 역사 현장이며 한국 근 현대사의 한 축을 담당했던 공간이다. 일제강점기에 지어져 한국전쟁 중에는 임시 중앙청사로 사용하였던 곳이다. 충남도청은 공주에서 대전으로 이사 와서 자리 잡고 대전광역시와 세종특별자치시를 세간 내주고 내포로 이사했다. 새 청사에서 몇 년 근무해 보았으나 기억에 남는 게 없다. 지난 추억은 옛 청사에 오롯이 남아 있다.

한 부서에 오래 근무했다. 행인지 불행인지 모른다. 사실 처음

부임한 부서는 새마을지도과나 바로 역사 속으로 사라지고 예산실로 옮겼다. 돈을 다루는 부서다. 가정이나 직장이나 주머니가 헐거우면 큰소리칠 수 없다. 인건비, 기관운영비, 의무적 사업비를 간신히 세우고 나면 움츠리고 뛸 여유가 없다. 도지사가 뭔가 하고 싶으면 중앙에 가서 읍소하여야 했다. 그러니 어려운 살림은 아랫돌 빼서 윗돌 괴는 격이다. 이리 맞춰보고 저리 맞춰보느라 밤새우다 보니 가정생활이 엉망이었다.

게다가 장기 출장이 많았다. 지금은 지방의회에서 예산을 심의·의결하지만, 당시는 내무부 장관의 승인을 받았다. 그러니 서울에서 오랜 시간 보냈다. 관선 자치 시대는 장관의 힘이 하늘을 찔렀다. 그 부하 직원마저 기세가 등등하여서 안하무인이다. 빨간 사인펜을 하나 들고 춤추면 거기에 분위기 맞추느라 자존심이 문드러졌다. 귀신이 곡할 노릇이다. 도지사가 관심 두는 예산은 용케 찾아내어서 삭감이다. 삭감한 예산을 살려내느라 별짓 다 했다. 어렵사리 예산 승인을 받아 오면 고생했다는 도지사의 말 한마디에 위안 삼았다.

옛 도지사실에 가보았다. 옛 모습 그대로다. 집무실 문을 열자, 대전역이 보이는 테라스가 반긴다. 옛 기억이 파노라마처럼 펼쳐진다. 도지사에게 가용재원 없다고 보고하면, 탁자까지 쳐가며 격

노다. 혹자는 허울만 도지사지 껍데기라며 답답한 마음에 담배를 하나 물고 테라스에 나가던 뒤태가 아련하다. 사실 도지사 재량으로는 넓은 도로를 내거나 큰 하천을 정비하려면 태생적 한계가 있다. 중앙 예산을 확보하는 수밖에 없다. 따라서 지방에서는 정부 예산 편성 순기에 맞추어 움직였다.

돌이켜보면 즐풍목우(櫛風沐雨)의 세월을 보냈다. 눈이 오나 비가 오나 바람이 부나 사무실 걱정이다. 일이 쌓이면 스트레스가 이만저만이 아니다. 밤을 새워가며 해결하느라 끙끙거렸다. 여가를 즐긴다는 건 언감생심이다. 휴가는 엄두를 내지 못하고, 주말이나 공휴일조차 마음 편히 쉴 수 없었다. 하나밖에 없는 아들은 어린 날 아버지와의 추억이 없다고 두런거린다. 또한, 아내도 '검둥이가 세수하나 마나고, 장님이 눈뜨나 마나'라며 결혼생활을 마뜩잖아했다.

옛 청사에서 회억에 잠긴다. 삶의 역사는 삼 간이 만든다. 시간과 공간과 그리고 인간이다. 시간은 역사 속에 묻혔으나 공간은 묵직한 흔적이 고스란히 남아 있다. 이곳에 머물다 간 인간의 흔적이 아련하다. 수많은 나뭇잎이 숲을 이루듯 많은 이가 어울려서 시간과 공간의 역사를 만들어냈으리라. 그들은 지금 어디서 무얼 하는지 궁금하다. 안부를 여쭙고 싶다. 부디 안녕하시길.

오렌지 빛깔로 짙어지는 저녁 하늘이다. 서쪽으로 기우는 해가 집으로 돌아가려고 서둔다. 노란 은행잎을 밟으며 옛 청사를 나선다.

– 한국문학시대 2022-3 봄호 제68호

명함,
버렸습니다

 여느 날과 다름없이 아침에 일어나 출근 준비를 하다가 깜짝 놀랐다. 잠시 화장실에 들어가 생각해 보니 무척 혼란스럽다. 평소 잘 보이지 않던 거울 속 내 모습이 들어왔다. 처진 피부와 거뭇한 얼굴의 점들이 내가 노년에 이르렀음을 말해 주고 있었다. 갑자기 마음이 울적해졌다. 30여 년 넘게 다니던 직장을 마무리하고, 함께 근무했던 동료들과 송별 겸 식사를 마치고 들어와 호주머니 속의 명함을 모두 털어 냈다.
 그동안 명함이 나의 존재를 대신해 주었다. 만나는 사람마다 명함을 건네면 그들은 내게서 시선을 수습하여 이내 명함으로 옮겼다. 진지한 내 모습보다는 팀장 아무개, 과장 아무개, 국장 아무개로 나타난 명함이 더 그들에게는 소중한 듯이 보였다. 정말 나는 허깨비고, 명함이 나의 실체였다. 또한, 스쳐 간 수많은 사람의 명함을 보니 누군지 기억나지 않는 사람도 있다. 그저 명함일 뿐이다.

정년퇴직은 남의 일로만 생각했다. 동료의 퇴임식장에 갔을 때 사회자가 축사를 청했다.

"은퇴는 타이어를 갈아 끼울 때가 되었다는 것입니다. 영어로 리타이어(retire)라고 하죠. 좋은 타이어로 갈아 끼우고 새로 멋지게 시작하세요. 응원하겠습니다!"

그럴싸하게 말했던 내가 이제는 초라하기 그지없다. 퇴임 첫날부터 당황스럽다. 아침 식사를 마치니 갈 곳이 없다. 거실 소파에 앉아 텔레비전을 켰지만 늘 앉던 그 자리가 어색하다. 그동안 나의 자리는 명패가 있는 사무실이었다. 가끔 주말에 와서 밥이나 한 끼 먹고, 옷이나 갈아입곤 하던 하숙집 같던 내 집이 낯설게 느껴졌다.

이러한 변화는 나뿐만이 아니었다. 아내도 마찬가지다. 갑자기 혼자 지내던 자유의 공간을 침범당한 것이다. 마음대로 활동하며 자유로이 쓰던 시간에도 제약이 따르니 그녀도 나만큼이나 혼란스러울 것이다.

그녀가 타 온 차를 마시며 잠시 몇 마디 얘기를 나누었다. 단답

형의 말들이 오갈 뿐 대화가 이어지지 않았다. 분위기마저 어색하다. 그동안 바깥 생활에만 전념해 온 탓이다. 그녀는 이제부터 퇴직한 남편을 위해 세 끼를 준비해야 한다고 생각하니 그 스트레스가 이만저만이 아닐 것이다. 매일 식탁에서 마주 보는 그녀의 얼굴이 편안해 보이지 않는다. 평소보다 말수도 줄고 입가의 미소도 사라졌다. 며칠 지나고 나니 눈치마저 보인다. 집에만 붙어 있지 말고 나갔으면 하는 것 같다. 갑자기 갈 곳 잃은 나그네 신세가 되었다. 나이 지긋한 선배가 삼식(三食)이는 되지 말아야 한다고 했던 말이 가슴에 와닿는다.

'아, 내가 삼식이구나. 이 땅의 모든 아내가 그렇게나 싫어한다는 삼식이.'

미안했다. 아무리 가까운 부부 사이라 해도 각자의 공간과 자신만의 시간이 있어야 한다는 사실을 깨달았다. 나도 모르게 한숨이 나왔다. 닥치고 보니 은퇴는 정말로 큰 충격이다. 정신적으로나, 육체적으로나. 특히 할 일이 없으니, 잡념이 많다. 이런저런 생각에 편히 잠들 수가 없다. 밥맛이 없다. 체중마저 준다.

세 식구의 가장이었다. 지금은 아들이 결혼해서 나갔기 때문에 그녀와 단둘이 살고 있다. 그녀와 아들 사이는 유대감이 상당하다. 그동안 그녀는 아들과 공유하는 시간이 많았다. 서로 지지고 볶고

다투기도 했다. 미운 정 고운 정을 오롯이 쌓아온 사이다. 언젠가 아들은 나에게 이렇게 말한 적이 있다.

"아버지, 저는 어린 시절 아버지하고 함께 한 추억이 없어요."

서글픈 말이다. 그동안 가장은 돈만 벌어오면 다인 줄 알았다. 직장이 인생의 전부인 줄 알고 지냈다. 직장에서 정해 놓은 시간에 맞추어 일을 해야만 했다. 그렇게 하지 않으면 버틸 수가 없었다. 일에 파묻혀 밤을 하얗게 지새운 날이 한두 번이 아니다. 다음 날 아침 사무실 근처 사우나에 가서 잠시 쉬었다 출근하기도 했다. 그래도 운이 좋은 날은 한밤중에 귀가하여 잠자는 아들의 얼굴을 볼 수가 있었다. 하나밖에 없는 아들이지만 함께 공유한 시간이 없었다. 그러니 아들과의 정서적 유대가 아주 부족하다. 요즈음 아들 내외와 식사를 같이 할 때면 나만 외톨이가 된 기분이다.

이제 아내는 노골적으로 집에 있지 말고 밖으로 나가 활동하라고 한다. 아파트 노인정에 가 보았다. 그곳에 나오는 분들은 대부분 나이가 나보다 많다. 점 백 화투를 치다 점심때가 되면 부녀회에서 끓여주는 국수를 먹는다. 그 후 대부분의 시간 텔레비전을 보거나 잡담하면서 시간을 보낸다. 이건 아니었다.

구청 복지관에 가 보니 여러 프로그램이 운영되고 있었다. 하지만 내가 흥미를 느낄 수 있는 건 없었다. 시민대학과 대학의 평생

교육원에도 가 보았다. 프로그램은 다양하지만 내 취향에 맞는 것은 없었다.

마침내 나는 집안에 내 공간을 만들기로 했다. 아들이 쓰던 방을 활용해 보려고 고민하다 퇴직한 친구 집을 찾아가 보았다. 그 친구는 오래전부터 퇴직 후를 준비했다. 서재에 읽고 싶었던 책을 모아 꽂아 놓았고 오디오 시스템에도 큰 투자 했다. 음반 수집도 많이 했고 음악에 대한 조예도 깊었다. 컴퓨터를 이용하여 세상과도 소통하고 있었다. 나는 자극을 받아 나의 서재를 꾸미기로 했다. 하지만 내가 무엇을 좋아하는지, 무엇을 잘할 수 있는지조차 모른 채 빈방 한가운데 우두커니 서 있다.

그동안 '명함 인생'으로 살아왔다. 직장에서 주어진 직함이 찍혀 있는 명함. 그 명함 이외에는 나는 없었다. 정신없이 바빴지만 일면 자부심도 느끼게 했던 직장생활이다. 명함은 화려했던 날들의 증명서였다.

나는 모든 '명함, 버렸습니다.' 자연인 유병덕이다.

오랜만에 만난 지인은 나를 일으켜 세운다. 전보다 당당하고 멋있어 보인다고. 순간 으쓱해졌다. 햇살은 환했고, 붉은 장미 향은 그 어느 때보다 풋풋하고 향기로웠다.

― 수필과 비평 2019-8 제214호

자유의 여신상

한때 비행기 타기가 두려웠다. 직항이 없는 아프리카나 남미를 여행하려면 오랜 시간 기다려서 환승하는 것도 어렵지만, 현지에서 머무는 일도 여의찮았다. 언어뿐만 아니라 숙소나 식당 등이 불편했기 때문이다. 미주나 유럽은 직항이 많고 숙소나 식당 등이 편리하여 가벼운 마음으로 다녔다. 국제교류단체를 방문하거나 무역사절단 지원 업무를 수행하느라 여러 곳을 여행하였으나 뉴욕은 처음이다. 이륙하여 기내에서 영화를 서너 편 보니 뉴욕에 존 F. 케네디 공항이다.

"뉴욕에 자유의 여신상을 본 적 있나요?"

고교 시절 어느 영어 선생님의 질문이었다. 그 질문 한마디가 평생 뉴욕을 기억하게 하였다. 그는 영어책 표지에 나와 있는 자유의 여신상을 보며 뉴욕은 자유의 성지라고 했다. 자유의 여신상 유래부터 맨해튼, 브로드웨이, 센트럴파크 등 자세히 소개해 주던 모습이 눈에 선하다.

마침, 뉴욕 사는 지인의 초청이다. 그는 학생운동을 하다가 여의치 않자, 미국으로 건너갔다. 일찍 영어를 배우고 지리를 익혀서 동서를 횡단하는 화물차 기사가 됐다. 그간 도로변이나 주차장에서 숙식하며 고생하더니 허드슨강 가까이 집을 마련하였다. 아담하게 꾸며놓은 정원과 아늑한 풀장이 반긴다. 상쾌한 숲속에 공기는 폐부를 마사지하고, 지저귀는 새들이 안부를 물어온다. 오랜만에 본 그의 얼굴이 낯설지 않다. 가끔 전화로 안부를 나누었기 때문이다.

자유의 성지라는 말이 가슴에 와닿는다. 가는 곳마다, 모양이나 빛깔, 형태나 양식 따위가 다르게 존재한다. 사람도 비슷한 모습이나 제각각이다. 백인도 백인 나름, 흑인도 흑인 나름, 황인도 황인 나름이다. 얼굴색이 미묘하게 약간씩 다르다. 얼굴에 바른 화장이 다르고, 귀나 코, 입술에 피어싱한 모습이 다르다. 이뿐인가. 울긋불긋한 머리 스타일, 심지어 몸에 걸치고 다니는 옷차림조차 개성이 뚜렷하다. 다양한 문화 속에 자유가 숨 쉬고 있다.

걸인도 결이 다르다. 알록달록한 정장을 차려입었다. 소문난 브로드웨이 뮤지컬을 보러 가다가 황당한 일을 겪었다. 걸인은 자신이 맡겨놓은 돈처럼 내놓으라고 요구하여서 당황스러웠다. 팁 놓는 생각을 하고 일 불을 건네니 손사래다. 오 불, 십 불…, 결국, 삼십 불을 건네고서야 극장 안으로 들어갔다. 걸인은 매직 카펫을 타고 시공을 초월하여 날아다니는 알라딘(뮤지컬)의 주인공처럼 자유스러워 보였다.

자유는 인간만이 아니다. 동물도 자유로워 보였다. 센트럴파크에 가던 길이다. 어둠이 채 가시지 않은 이른 새벽에 숙소를 나와서 지하철에 몸을 실으니 센트럴파크역이다. 다른 도시의 지하철에서는 보지 못하던 낯선 풍경이다. 쥐가 한두 마리가 아니다. 줄지어 이동하는 쥐 떼도 있고 식당 귀퉁이에서 얼굴만 빼꼼히 내미는 쥐도 있다. 그들은 예삿일로 생각하고 태연하게 지나간다.

쥐의 천국이 지하철이라면 개의 천국은 센트럴파크다. 공원에 들어서자, 사람이 산책하는 곳인지, 개를 운동시키는 곳인지 혼란스럽다. 덩치 큰 젊은이가 크고 작은 수십 마리의 개를 몰고 나타났다. 행여 개에 물릴까봐 두려운 마음에 가던 길을 멈추고 잔디밭으로 피했다. 멀리 바라보니 거리의 악사도 산책로에서 한참 벗어난 곳에서, 아코디언을 연주하고 있다. 개무리가 계속 몰려온다. 한 젊은이에게 물어보았다. 그는 개를 운동시키는 아르바이트 학생이었다. 영화 속에 보았던 센트럴파크는 아주 먼 옛이야기 같다.

뉴욕이 자유의 성지라는 말은 옛말이다. 자세히 보니 자유가 몸살을 앓고 있다. 존 스튜어트 밀은 '자유론'에서 다른 사람의 자유를 존중하지 않고 제멋대로 행동하는 걸 반대했다. 지인이 소망하여 선택한 화물차 기사나, 다양한 민족이 어울려서 제 방식대로 살아가는 모습은 아름답다. 그러나 극장가에서 돈을 요구하던 걸인이나, 지하철이나 센트럴파크에서 자유를 누리던 동물은 나에게 낯설었다.

자유의 여신상을 톺아본다. 진정한 자유란 무엇일까. 사전을 뒤져보니 두 가지 자유가 나온다. 하나는 인류가 보편적으로 누리는 의지대로 할 수 있는 프리덤(freedom)이고, 다른 하나는 자유로부터의 억압을 막고 모든 이의 권리를 생각하는 리버티(liberty)다. 프랑스에서 미국의 독립선언 100주년을 맞이하여 자유의 여신상을 기증했다. 그곳에 새겨진 영문을 읽어 보니 자유란 리버티로 적혀있었다. 누릴 수 있는 자유는 다른 이의 권리를 침해하지 말아야 하지 않을까 싶다.

- 〈한국문학시대 2019-9 가을 제58호〉

젊은 사장의 돈봉투

"결혼반지 어디다 치웠어요?"

새 아파트로 이사 왔다. 이삿짐을 대충 옮겨놓고 바로 외국 출장길에 올랐다. 구마모토현, 허베이성 등 자매 교류단체를 방문하여 교류 협력 방안을 논의하고 홍콩, 방콕, 호찌민 등 여러 도시에서 무역전시회를 여느라 바빴다. 낯선 이국땅에서 아내의 다급한 목소리에 놀랐다.

오만가지 생각이 다 들었다. 이삿짐을 잘못 쌌는지, 운반하는 과정에서 손이 탔는지, 아니면 내가 없는 사이에, 집에 도둑이 들었는지 등 불길한 생각이 들어서 일정을 서둘러 마무리하고 돌아왔다.

집에 들어서자, 적막강산이다. 아무도 없는 빈집 같다. 이곳저곳을 살피다 기겁했다. 아내가 말없이 눈만 껌뻑이며 어두운 방구석에 붙어있어서다. 몹시 당황스러웠다. 구급차를 불러서 병원으로 옮기자, 의사는 사람을 이 모양으로 만들어 놓았다고 지청구다. 다행히 의료진의 도움으로 빠르게 회복하였다.

그녀와 결혼반지 사이에는 알 수 없는 심연이 가로 놓여 있다. 그녀는 지인의 예식장에 반지를 끼고 가려고 찾다가 보이지 않아서 놀란 모양이다. 오래전 살림이 어려울 때 그것을 팔아서 쓰겠다고 했다. 내 기억 속엔 잊어버린 반지다. 그때 팔았다면 잃어버릴 반지가 없을 텐데 묘한 일이다.

어쨌든 반지의 행방이 궁금하다. 탐정처럼 생각해 보았다. 가족은 셋이다. 나와 아내, 그리고 아들뿐이다. 셋 중 나와 그녀를 빼면 아들만 남는다. 아들은 의심해 볼 여지가 없다. 그는 평소 돈에 관심이 없기 때문이다. 그럼, 외부에서 들어 온 사람밖에 없다. 집에 누가 들어왔었는지 궁금하여 아파트 관리사무소에 설치된 CCTV를 확인해 보고 싶었다. 관리사무소에 가서 자초지종을 이야기하고 확인을 요청하자 관련 화면이 파악되는 대로 알려 주겠다는 답이다.

다음 날 연락이 왔다. 관리사무소에서 확인한 결과 전기를 점검

하는 이가 들어 왔었단다. 그러면서 회사 전화번호를 알려준다. 그 전화번호로 걸자 사장이 직접 받는다. 전후 사정을 이야기하고 도와달라고 부탁하자 그는 토 달지 않고 사과의 말을 건넨다. 손버릇이 나쁜 직원이 있었는데 요즘 출근하지 않는다는 것이다. 그러면서 같은 아파트 주민으로부터도 귀금속을 도난당했다는 제보를 받았다며 직원의 소행임을 자인한다. 돈에 눈이 먼 이 같으면 모른다고 발뺌할 텐데 전액 보상하겠다는 말에 놀랐다.

그와 통화한 내용을 아내에게 전하며 직접 전화해 보라고 했다. 새로운 사실을 알게 되었다. 그녀가 잃어버린 게 결혼반지뿐만이 아니다. 팔찌, 목걸이, 행운의 열쇠 등 금붙이를 몽땅 도난당한 게다. 사장은 돈을 마련하려면 시간이 필요하다고 양해를 구한다. 경황이 없어서 그렇게 하라고 대충 답변하고 끊었다.

연말이라 바빠서 까맣게 잊고 지냈다. 짙은 어둠이 스며드는 어느 날 저녁이다. 여러 날 야근해서인지 몸이 피곤하여 모처럼 일찍 퇴근했다. 현관문을 열고 들어서자 낯선 남자가 들어와 있어서 깜짝 놀랐다. 잠시 머뭇거리자, 그는 일전에 통화했던 이라며 자리에서 일어나서 정중하게 인사다. 그러면서 젊은 사장은 도의적으로 직원의 책임을 지고 빚을 내어왔다며 돈봉투를 내민다.

"돈봉투 다시 가지고 가세요."

솔직하게 인정하고 책임지는 정직한 그의 모습을 보면서 가져온 돈봉투를 가져가라고 했다. 그 소리를 듣는 순간 아내는 깜짝 놀란 기색이다. 그녀는 어려운 살림에 한 푼이라도 보태고 싶었을 거다. 무척 서운했던지, 매일 늦게 들어오더니 왜 일찍 들어왔느냐고 볼멘소리다.

오늘 아내의 친구가 보이스피싱을 당했다고 한다. 보이스피싱범에게 깜빡 속아서 어렵사리 마련한 돈을 광명역까지 가서 건네고 왔다고 말한다. 교묘하게 남을 속이고 돈을 뜯어 가는 보이스피싱범을 보면서, 그녀가 '잃어버린 결혼반지'에 대한 마음이 바뀌지 않았을까. 만약 그때 돈봉투를 받았더라면 마음 편안히 잠잘 수 있을지 모를 일이다

사람마다 삶의 결이 다르듯 매듭을 푸는 방법도 제각각이다. '고통이 고통을 만든다.' 내가 남에게 고통을 주면, 자신도 언젠가 고통을 감수해야 한다.

가로등 불빛이 밝다. 가로등은 하늘과 땅의 모든 걸 품어 안은 듯하다. 오늘따라 젊은 사장의 양심이 자꾸 생각나는 건 왜일까.

금강을 보며

먼동이 트는 새벽이 되면

금강은 하루에 몸을 푼다.

계룡산도 깨어나 기지개를 피고

공산성은 곱게 화장을 한다.

웅진에서 사비성까지

살아 숨 쉬는 금강은

오늘도 변함없이 흐른다.

아시아를 호령하던 백제의 전설을 싣고서 ⋯〈하략〉⋯

- 유병학의 〈금강을 보며〉에서

송별 만찬을 하고 숙소로 돌아왔다. 한겨울이라서 오가는 이가 없고 불빛마저 사라진 적막강산이다. 어두침침한 방에서 홀로 뒤척이다가 전등불을 켰다. 책상 위에 새로운 임지에서 보내온 취임사가 눈에 띈다. 오랜 시간 도청에서 근무하다가 시청으로 자리를 옮기려니 낯선 마음이나 호기심이 간다. 공주에 대하여 알아보려고 노트북을 켰다. 한참 검색하다가 유병학 시인의 〈금강을 보며〉라는 시를 발견했다.

　〈금강을 보며〉라는 시구에서 공주를 엿볼 수 있었다. 역사 도시, 웅진 백제 시대의 수도였고 충청의 중심인 감영이 있던 곳이다. 자연풍광, 충청에서 제일 수려한 계룡산을 품고, 전북장수에서 발원하여 군산과 서천 사이로 흐르는 금강의 중심이다. 교육도시, 명함을 건네다 보면 거짓말 조금 보태서 한 집 건너 한집이 교장선생님 댁이다. 공주 교육대학교와 공주 사범대학교가 있어서 훌륭한 교육자를 배출한 고장이기 때문이다.

　취임 인사가 조심스러웠다. 객지에서 온 이가 주제넘은 말 한다고 할까 봐 두려워서다. 동료의 눈치를 살피며 운을 뗐다. 찬란한 백제문화가 살아서 숨 쉬는 고장에서 함께 일하게 되어 영광이라며 시구를 인용하여 몇 가지 당부했다. 내심 공주의 자긍심을 가지고 일해주기를 은근히 기대했다. 그런데 알만한 이가 인근 도시는 하루가 다르게 발전하나, 공주는 고도 보존 구역으로 묶여서 쇠락해 가고 있다고 푸념이다.

우선 도로망을 챙겼다. 상가의 상권이 도로망을 따라서 발전하듯 도시의 힘은 접근성에서 나오기 때문이다. 공주는 금강의 중심에 자리하고 있어서 도로가 사통팔달로 뻗어있다. 기존 도로에 편리하게 연결하면 그만이다. 그런데 호남 고속철도는 난데없이 산속에 공주역사를 만들어 놓았다. 누구를 위하여 만들었는지 모를 일이다. 관계자에게 물으니, 백제권역을 아우르는 역이라고 하나 수긍할 수 없는 일이다. 그냥 내버려둘 수 없어서 접근하는 도로망을 새로 정비하고 장차 세종시와 연계하는 광역도로망 계획에 끼워 넣었다.

이어서 고도 원도심을 걸어보았다. 조상이 남긴 유적이나 유물이 부지기수다. 누구나 알고 있는 공산성, 무령왕릉과 왕릉원 고분 유적뿐만 아니라 제민천 골목마다 수많은 이야기가 숨어있다. 조상이 남겨놓은 유산을 정비하며 공산성과 마곡사를 유네스코 세계유산으로 지정받았다. 황새바위에서 웬 젊은이와 마주했다. 그는 국립공주박물관과 무령왕릉을 다녀왔단다. 건너편 공산성과 석장리 구석기 유적을 둘러보려고 가다가 황새바위에 붙잡혀서 해가 저물었다고 두런거린다. 이렇듯 공주는 지붕 없는 박물관이다.

아울러 시민의 행복을 평생교육에 물었다. 교육도시라 훌륭한 인적 물적 자원이 많다. 누구든, 언제 어디서나 평생교육 프로그램을 즐길 수 있었으면 했다. 평생교육은 학교 교육의 태생적 한계를 뛰어넘어서 삶의 질 높이는 유일한 길이다. 문해 교육은 물론, 지역의 특성을 살린 프로그램을 만들었다. 나태주 풀꽃 문학관에서 운영하는 시인학교, 임립미술관의 미술 강좌, 박동진 판소리 전수관의 판소리 강좌 등 무궁무진하다. 풀꽃 문학관의 〈풀꽃〉 시비, 금강 철교 변의 〈금강을 보며〉 시비가 세워져서 많은 이를 기다리고 있다.

시(詩) 금강을 보며 '아시아를 호령하던 백제'의 기상을 되찾고 싶었다. 백제는 한·중·일 문화교류의 매개자로서 우호적인 관계를 유지했던 유일한 왕국이다. 삼국 간 얽혀있는 갈등을 실타래처럼 풀고 앞으로 나아가고자 교류 왕국 백제를 재현하고 싶었다. 제63회 백제 문화제를 계기로 국무총리와 중·일대사를 참여케 하여 우호교류 증진의 장을 마련했다. 한중간 사드 문제로 외교적 어려움을 겪는 시기에 한중 지방정부 교류와 관광 협력 방안을 주제로 포럼을 개최하여 중국 정부로부터 호평을 받았다. 이뿐인가. 저명한 외신 기자의 방문 취재, 이름있는 중·일 예술공연단의 공연으로 축제의 품격을 국제 수준으로 끌어 올려놓았다는 칭찬에 고단함을 잊었다.

소망해 본다. 아시아를 호령하던 유구한 역사 도시에 한 줄기의 희망이 내리쬐길 간구한다. 오늘따라 박동진 명창이 '우리 것은 소중한 것이여.' 늘 하던 목소리가 귓가에 묵직하게 내려앉는다. 공주는 인근 도시에서 가질 수 없는 소중한 역사 문화유산을 물려받았다. 지난 세기 산업 시대 한강의 기적을 서울 시민이 만들어 냈다면, 21세기 한류 문화의 시대, 금강의 기적을 공주 시민이 만들었으면 좋겠다.

– 한국문학시대 2024-9 가을 제78호

연리지
아래서

　수박 모종을 심었다. 영농교육을 받은 대로 원줄기 두 개만 남기고 순을 잘랐다. 줄기가 쭉쭉 뻗어 가더니 여기저기서 꽃이 핀다. 비닐하우스 안이라서 화분(花粉)의 매개가 어렵다. 꿀벌 한 통을 들여놓을까 하다가 얼마 되지 않아서 붓을 들었다. 보름 가까이 붓질을 해댔으나 헛수고다. 참새 알만한 열매가 맺히는듯하다가 시커멓게 되어서 떨어지고 만다.
　문득 함께 근무했던 이가 생각났다. 그는 가끔 출장길에 자신의 처지를 거리낌 없이 이야기했다. 그가 끌고 다니는 차는 어머니가 사준 차란다. 그의 어머니가 아들을 장가보내려고 뽑아준 최신형 차다. 아가씨를 태워 오라고 사준 차인데 일 년이 넘도록 한 번도 태워 가지 못했다고 하소연이다. 연애 한 번 못하고 늙어가는 모습이 딱해 보였다. 그 어머닌 들 심정이 오죽했으랴. 나이 오십 되도록 아들이 결혼하지 못하니 전 재산을 팔아서 좋은 차를 사준 게다. 어떻게 하면 도와줄 수 있을지 곰곰이 생각하던 중이다.

 적연하게도 신규 여직원이 발령을 받아 왔다. 그녀는 외국 유학을 마치고 늦게 입사했다. 달포 정도 지나자, 그녀의 어머니가 뵙자는 연락이다. 사무실로 찾아온다기에 업무적인 이야기를 하리라 짐작했는데 상상이 빗나갔다. 그녀의 어머니는 과년한 딸 자랑을 푸짐하게 늘어놓더니 사윗감을 소개해달라는 당부. 나이 먹은 총각이 같은 부서에 있어서 걱정하지 말라고 안심시켜 보냈다.

 걱정하지 말라고 호언장담한 게 꺼림칙하였다. 사무실에 출근하면 그들의 눈치를 슬금슬금 살피곤 했다. 젊은 남녀가 눈에 콩깍지가 씌면 만나자마자 연애한다는데 서로 소 닭 보듯 이다. 이 궁리 저 궁리하며 시간을 보내다가 문득, 생각이 났다. 섬에 놀러 갔다가 동백나무 연리지 아래서, 인연을 만났다는 지인이 떠올랐다. 연리지는 두 그루의 나무가 서로 엉켜 마치 하나의 나무처럼 자라는 신비로운 모습이다. 직원 화합행사를 연리목이 있는 섬으로 가자고 담당자에게 부탁했다. 비좁은 사무실에서 복작대다가 섬에 놀러 가자고 하니 신났다.

배는 하얀 물거품을 일으키며 바다를 헤집는다. 직원들의 얼굴이 밝아졌다. 인상 쓰던 표정이 다림질한 듯 판판하다. 해무 사이로 섬의 모습이 서서히 드러난다. 여객터미널을 떠난 지, 두 시간만에 섬에 닿았다. 섬은 바다 안개 속에서도 위풍당당한 모습이다. 오벨리스크처럼 하늘로 치솟은 봉우리는 신비로운 기운을 뿜어낸다. 조용하던 포구가 배가 도착하자 갑자기 북적인다.

배에서 내린 이들이 삼삼오오 동백숲으로 향한다. 동백숲에 이르자 신기한 모습이 눈에 들어왔다. 지인이 이야기한 것처럼 동백나무 가지가 사랑하는 연인처럼, 아니 부부처럼 서로 다정하게 붙잡고 서 있다. 일행들은 모두 넋을 놓고 연리지를 바라본다. 바로 옆에 팻말이 있다. '젊은 남녀가 연리지 나무 사이를 통과하면 사랑이 이루어진다.'라고 하는 예쁜 글씨가 보인다. 그들은 팻말이 무색하게 무덤덤해 보인다. 나뭇가지만 만지작거린다. 나이 먹으면 연애가 쉬운 일 아니다. 이십 대처럼 감성이 풍부하지 않아서다. 하나 남녀의 사랑은 아무도 모른다. 사랑은 불타도 연기가 없기 때문에 기다려 보기로 했다.

연말이 되자 정기 인사이동으로 다른 부서로 옮기게 되었다. 새로 부임하는 부서로 가려고 짐을 싸는데 그 남자 직원이 불쑥 나타났다.

"국장님, 하루에 서 있는 시간이 얼마나 되죠?"

그는 뜬금없는 질문이다. 커피를 한 잔 타 주며 무슨 소리냐고 되물었다. 잠시 머뭇거리더니 그녀와 있었던 이야기를 주섬주섬 늘어놓는다. 처음에는 그녀와 자주 만나서 차를 마시고 데이트를 했는데, 요즘은 만나자고 해도 이 핑계 저 핑계를 대며 만나주지 않는다고 상심한 표정이다. 한숨을 푹 쉬면서 한마디다. 그녀가 키가 작아서 싫다고 말했다는 게다. 그는 하루에 서 있는 시간이 얼마나 되느냐며 내게 따진다. 수박에 화분을 매개하는 일도 어렵지만, 남녀의 인연을 맺게 하는 일도 쉬운 일 아니다. 모든 걸 자연에 맡기고 내려놓았다.

어느 날 농원을 가 보았다. 아이 머리통만 한 수박이 여러 개 매달렸다. 비닐 창으로 바람이 들어와서 화분을 매개한 게다. 무료한 마음에 라디오를 켜자, '연애는 필수 결혼은 선택 가슴이 뛰는 대로 가면 돼,' 노래의 음도가 수박꽃을 흔든다.

연리지 아래서 사랑의 인연을 꿈꾸던 그들은 어떻게 되었을지 궁금하다. 수박처럼 열매가 맺지 않았을까 싶다.

대사大使의 **한** 마디

  수많은 이들이 삼삼오오 몰려든다. 그들은 이민이라도 가려는 듯 짐이 예사롭지 않다. 공항에 짐 싣는 창구가 북새통이다. 우리 가족은 조그만 가방 하나씩 메고 바로 비행기에 올랐다. 하늘에 오르자 하얀 솜털 구름 사이로 비행기가 헤집고 나간다. 영화를 한 편을 보고 나니 구름 속을 날던 비행기가 섬에 내려놓는다.

  여행객들은 출구 문이 열리자, 수화물 찾는 곳으로 앞서거니 뒤서거니 몰려간다. 수화물 찾는 컨베이어벨트 주변에 사람들이 잔뜩 모였다. 자신의 짐을 찾으려고 눈이 바삐 움직인다. 모든 짐이 다 빠지고 수화물 컨베이어벨트가 멈추자 웬 이가 당황스러워하는 표정이다. 짐을 찾지 못했기 때문이다.

문득 남미 여행하던 기억이 스친다. 누구나 여행하며 기억의 편린은 하나쯤 있을 거다. 무역전시회가 있어서 가던 길이다. 직항이 없어서 파리에서 갈아탔다. 큰 가방 두 개를 실었다. 하나는 현지에서 도움 준 이에게 인사할 선물 가방이고 다른 하나는 입을 옷과 참고 자료를 넣은 가방이다. 장거리 비행이라 몸에서 쥐가 나고 좀이 쑤셔서 고생스러웠다. 이윽고 부에노스아이레스 공항에 내렸다. 기내 문이 열리자, 수화물을 찾는 곳으로 부지런히 갔다. 긴 컨베이어벨트 주변은 벌집처럼 사람들이 붙어있다. 돌아가던 컨베이어벨트 위에 짐이 다 빠지자, 다음 비행기 수화물 안내 문자가 뜬다.

몹시 당혹스러웠다. 여러 번 환승을 해보았으나 처음 겪는 일이다. 홍콩에서 갈아타고 아프리카로 가거나, 시애틀에서 갈아타고 북미 도시로 다녀보았어도 이런 일은 없었다. 황급히 공항 수화물 안내 창구에 가서 물었더니 '나 지스트' 한마디 툭 던지고는 딴짓이다. 한참 실랑이하다가 결국 짐을 찾지 못하고 공항을 빠져나왔다. 호텔에 예약한 무역전시회 일정 때문이다. 호텔 전시장에 도착자 참가기업체 대표와 현지 구매자가 모여 있다. 양측 면담을 주선하고 한숨 돌렸다. 때마침 현지 대사가 격려차 찾아왔다. 국립외교원에서 알게 된 이다. 낯선 이국땅에서 만나자, 이산가족이 상봉한 것처럼 기뻤다.

그는 전시장을 한 바퀴 돌며 참가기업체 대표와 인사를 나누더니 인근에 있는 재키 클럽으로 가자고 한다. 회원제로 운영하는 고급스러운 유럽풍의 식당이다. 재키 클럽에 들어서자 멀리 항구가 보인다. 탱고 춤의 고향인 보카 지역이 한눈에 들어온다. 낯부끄러운 일이나 공항에서 겪었던 일을 그에게 이실직고했다.

"여행길이나 인생길은 짐이 가벼울수록 좋아요."

그는 빙긋이 웃으면서 한마디다. 가방에 짐을 바리바리 넣어 다니는 이는 초보 여행자라며 그가 세계 여행하며 겪은 에피소드를 점심 내내 들려주었다. 그곳을 떠나올 때 쇠가죽으로 만든 자그마한 가방을 대사로부터 건네받았다. 그 가방에 세면도구와 서류를 넣어 칠레 산티아고와 브라질 상파울루 무역전시회를 무사히 마치고 집으로 돌아왔다.

집에 들어서자, 신발장 옆에 큰 가방 두 개가 먼저 도착해 있다. 현지에서 도와준 이에게 선물하려고 가져갔던 가방을 열어보니 가관이다. 값비싼 철화분청 사기와 백제 금동 대향로가 깨지고 찌그러지고 만신창이다. 수화물을 옮길 때 조심하라고 가방에 붉은색 끈을 동여매 놓았으나 무용지물이다.

요사이 모임에서 만났던 지인의 이야기가 새삼 다가온다. 그는 역설적이나 수백억 원대 상가 빌딩을 가지고 있으면서 월급쟁이인 나를 부러워했다. 십억 원 가진 이는 열 가지 걱정하고 백억원 가진 이는 백 가지 걱정한다며 넋두리다. 그는 상가건물 때문에 머리가 아프다. 관리인은 있으나 세입자와 명도나 금전 문제로 법정 싸움이 끊이지 않는다. 또, 그의 아들은 믿는 구석이 있어서 그런지 빈들빈들 대며 경마에 빠져있다.

대사의 한마디를 곱씹어 본다. '여행길이나 인생길은 짐이 가벼울수록 좋다.' 사실 짐이 무거우면, 자유롭지 못하다. 여행 가방에 귀중한 물건을 담으면 여행길에 짐이고, 살아가면서 큰 재물을 가지고 있으면 인생길에 짐이다.

섬에 놀러 온 이들과 마주한다. 그들은 큰 짐을 풀었다 쌌다 하느라 바쁘다. 우리 가족은 물 한 모금, 작은 가방에 넣어 메고 바람 따라나선다.

– 한국문학시대 2023 여름 제73호

아슬아슬한
길

    모두가 낯설다. 마주하는 일마다 생경하다. 세상이 어수선하여 두문불출하고 있을 때다. 집에서 인강(인터넷 강의) 준비하고 있는데 옛 직장에서 알게 된 이가 뜬금없이 찾아왔다. 그는 거두절미하고 바쁘게 일하다가 놀면 병이 난다고 한다. 그러면서 하는 말이 여름 뙤약볕에 달궈진 정수리에 얼음물을 퍼붓는 듯했다. 그저 멍하니 바라만 보았다. 마지막 말이다. 자신 운영하는 회사를 같이 하자는 청이다.

    그는 내가 백수처럼 보였나 보다. 하릴없이 집에서 빈둥대지 않는다. 대학에서 젊은이들에게 강의하거나 후배 공무원에게 경험을 전해주느라 분주하다. 그뿐인가. 방송 모니터링을 매일 하여 방송국에 보낸다. 게다가 원고청탁이 오면 글까지 쓰니 나름대로 바쁘다.

과거를 영화필름처럼 잠시 되돌려본다. 몸은 내 몸인데 내 마음대로 할 수 없었다. 로봇처럼 정해놓은 시간표대로 움직였다. 대략 삼 분의 일은 중앙부처나 국회를 찾아다니며 정부 예산 확보하느라 구걸했다. 어려운 지방에서는 어쩔 수 없는 노릇이다. 가정 살림도 돈이 없으면 힘들듯 말이다. 그 외 시간은 대부분 지역에서 일했다. 주민의 애로사항을 듣고 해결하느라 애면글면했다. 그는 지역에서 일하다가 알게 된 이다.

그에 대한 기억이 물안개처럼 피어오른다. 처음에 자주 찾아와서 지역의 소소한 일들을 알려주어 고마웠다. 그런데 하루가 다르게 양아치처럼 변해 갔다. 하루는 난데없이 찾아와서 가로등을 설치해달라는 요구다. 짙은 어둠이 깔리면 학생들이 몰려와서 술 먹고 담배 피우며 싸워서 살 수 없다는 것이다. 한쪽 이야기만 듣고 설치해 줄 수 없다. 아무리 좋은 일도 반대하는 이가 있기 마련이다. 서너 달 미루었더니 찾아와서 채근이다. 그는 연서로 된 주민건의서를 받아오더니 빚쟁이처럼 독촉이다. 그 성화를 이기지 못하여 가로등을 설치하여 주었다.

"가로등을 설치해 주어서 주민들이 고마워합니다."

그는 거짓말이다. 가로등을 설치하자, 바로 낯선 노파가 찾아와서 가로등을 없애 달라고 했다. 수면제 없이는 잘 수 없다는 게다. 밤은 어두워야 잘 수 있지 않으냐며 내게 따졌다. 아무리 양고기가 맛있어도 열 사람 입에 다 맛있을 수 없다. 나중에 안 사실이다. 그가 만들어온 주민건의서는 거짓으로 꾸며온 것이었다.

그의 성정은 알 수 없다. 툭하면 찾아와서 못마땅한 직원을 바꾸란다. 알고 보니 민원실 직원들이 고개를 설레설레 흔든다. 환경규제가 강화되어 기준이 맞지 않는다고 서류를 반려한 팀장을 고발한 것이다. 애먼 직원이 수사기관을 오가며 고생하기에 그를 불러서 따끔하게 이르기도 했다.

그는 돈밖에 모른다. 사람이 돈에 눈이 멀면 정신이 흐려진다. 연봉을 얼마 주겠다느니 성과급을 몇 프로 주겠느니 하면서 천민처럼 돈을 가지고 흥정이다. 한심한 건 그린벨트로 묶여있는 땅을 개발하여 분양하겠다는 거다. 그는 교도소 담장에 올라서서 돈을 벌려는 심산이다. 자칫 잘못하면 영어의 몸이 될 수 있다.

사람은 믿음이 있어야 관계가 형성된다. 말이 마차를 끌 때 마차에 단단한 고리가 있어야 연결해서 끌고 갈 수 있듯 사람 사이도 단단한 믿음의 고리가 있어야 한다. 그는 믿음에 고리가 있지 않았다.

뒤돌아보면 아슬아슬한 길을 걸어왔다. 까마귀처럼 탐욕스러운 이들 틈에서 무수히 시달렸다. '밤길 조심하라'고 하는 협박까지 받으며 버티어 온 삶이다. 수많은 이가 눈앞에 현실과 물질은 보고자 하지만, 그 너머의 진실과 정신의 세계는 외면하는 듯하다.

세상은 두 길이 있다. 가 본 길과 가 보지 않은 길이다. 가 본 길은 편할 수 있으나 함정이 있다. 자칫 방심하기 쉽다. 선배의 모습을 눈여겨 봐왔다. 각양각색이다. 다시 취업한 이도 있고 새로운 일을 시작한 이도 있고 집에서 노는 이도 있다. 큰집(교도소) 신세를 지고 있는 이가 있다. 그는 다니던 직장 경험을 살려서 다시 일을 시작했다. 회사에서 고급 승용차를 내주었다며 모임에 나와서 뻐겼으나 오래가지 않았다. 일 년 남짓 지나자, 어찌 된 일인지 모르나 회사가 부도나서 몽땅 책임을 지게 되었다. 예전에 아름답게 보이던 꽃마저 생경하게 느껴진다. 꽃이 피기까지 오랜 시간이 걸리나 지는 건 순간이다.

아무리 화려한 옷이라도 저녁이 되면 벗어야 한다. 가진 거 없는 가난한 자이나 빚진 게 없는 몸이라 홀가분하다. 이제 입 꼭 다물고 조용히 묵언 수행하는 게 상책이 아닐까 싶다.

– 수필울 동인지 2022 제3집

살 색은
마음의 색이다

아프리카 남단에서 카톡이 왔다. 국립외교원 연수 과정에서 알게 된 이다. 그녀는 국제교류 협력 단체를 물색하러 남아공에 갔다가 만난 이다. 여행은 케냐를 경유하는 일정이었다. 영어가 케냐에서는 어려웠으나 남아공에 들어서자, 대화가 된다. 같은 영국침략을 받은 지역이라도 다르다. 프리토리아 한국공관에서 케이프타운 시청에 국제교류 담당자를 소개해 주어 찾아갔다. 초행길이라 낯설었다. 담당자에게 전화하고 시청 정문 앞에서 어리바리하게 서성였다.

"웰컴, 미스터 유"

구릿빛 얼굴의 여직원이다. 그녀는 우리 공관에서 보내준 프로필 사진을 보면서 얼굴을 확인하더니 대뜸 알아보고는 타조농장으로 안내다. 서두르는 모양새가 성격이 급한 듯하다. 테이블마운틴 아래 농장으로 가는 동안 한시도 입을 가만두지 않는다. 다행히 그의 영어 발음이 귀에 들어왔다. 산 중턱에 이르자 검푸른 대서양이 한눈에 들어온다.

그녀는 일방적이다. 내게 묻지도 않고 와인과 타조알을 넣은 샌드위치 주문이다. 계속 자기 이야기다. 먹을 물도 음식도 전깃불도 없는 곳에서 태어났다고 한다. 우리 공관에서 알려준 자료는 미국 버지니아 출신이라고 했는데 듣다 보니 고향이 잠비아다. 어린 날 미국 신부가 미사를 집전하러 공소에 오면 차를 구경하고 싶어서 가곤 했단다. 틈만 나면 신부에게 차에 관하여 물었더니 미국 차에 관한 책을 선물로 주더란다. 책을 보면서 끈질기게 질문에 이어지자, 신부는 온종일 책을 펴놓고 차의 구조까지 설명해 주었다며 웃는다.

신부는 그녀를 잘 본 모양이다. 임기를 마치고 미국으로 돌아가서 그녀를 버지니아로 초청했다. 신부의 후원으로 뉴욕대학까지 졸업하고 외교관이 된 게다. 점심을 먹는 둥 마는 둥 하고 자신의 이야기만 늘어놓다가 시간이 다 되었다며 가버렸다. 어처구니없는 일이다. 나는 교류 협력 의제에 대하여 한마디 꺼내지 못한 채 먼 길을 돌아와야 했다.

세상사 일희일비할 게 아니다. 그녀는 테이블마운틴 산마루에서, 아니 케이프타운 해안가에서 나를 생각했나 보다. 내 눈을 의심했다. 국립외교원 연수를 마치고 부임하자 그녀가 국제교류단의 일원으로 와 있다. 국제교류재단의 초청 기회를 잡아 한국에 온 것이다. 그녀는 남아공 교류 대상 지역에 관한 자료를 내민다. 이스턴케이프주에 대한 설명까지 자세히 덧붙였다. 돌이켜 보면, 우리와 교류할 수 있는 지역을 찾느라 시간이 필요했던 모양이다. 어쨌든 반갑고 고마운 일이다.

그녀는 영어 발음이 유창하다. 다른 국제교류단체에서 온 이들의 부러움을 샀다. 가끔 이야기하다가 어눌한 내 영어 발음까지도 고쳐 주곤 했다. 국제통상부서는 영어사용이 기본이지만, 가끔 그들의 모국어로 이야기한다. 각자의 언어를 사용할 때면 국제시장 같다.

그녀는 호기심이 많다. 틈틈이 산사를 찾아다녔다. 어린 날 자동차에 관하여 신부에게 묻듯 한국 산사에 관하여 수없이 물어왔다.

"내일은 살색으로 된 옷을 입고 와요."

그녀는 한국어를 부지런히 배우더니 내게 써먹었다. 석가탄신일을 앞두고 주말에 산사에 가자는 청이다. 폴란드 비엘코폴스카 주 등 다른 지역에서 온 이들이 동행한다며 가자고 하여 따라나섰다. 그들은 봄바람에 두꺼운 껍질을 뚫고 나오는 꽃잎을 보며 '원더풀….'을 연호다.

내 착각이다. 살색이 피부색이 아니다. 그들이 차려입은 옷 색깔이 황색, 백색, 흑색이 아니라 제각각이다. 붉은색, 푸른색, 노란색 등 여러 가지다. 그녀는 흙색이 아니라 붉은색 옷을 입고 왔다. 대웅전을 둘러보고 그늘에서 쉬면서, 그녀에게 살색은 무슨 색이냐고 물으니, '살색은 마음의 색이다.'라고 한다. 살색은 일차원의 원색이 아니라 삼차원의 입체 색이라며, 눈으로 보이는 색깔로 편견을 갖지 말라고 덧붙인다.

그녀를 보며 '사람도 명품이 있구나.' 하는 생각이 들었다. 그녀의 판단은 감성보다 이성적이다. 이성은 선험적으로 주어진 인식의 문화다. 오랜 인간의 생활 의식이 곰삭아서 발효된 게 문화이다. 그녀는 영어만 유창한 게 아니라 삶의 인식 자체가 남다르다. 더욱 놀라운 것은, 다른 이를 의식하지 않고 자신이 좋아하는 일은 주저하지 않고 하는 게 그의 기질이고 장점이다. 한국에 온 이유도 나를 만나고 싶어서 왔다며 숨김없이 말하고 떠났다.

다시 스마트 폰을 연다. '희망봉(At the Cape of Good hope)에서,' 한 줄이 잔영으로 남는다.

– 수필울 동인지 2022 제3집

2부

황색 신호등

인생길도 신호등이 있는 것 같다.
열심히 달려 나가라는 녹색 신호가 있고, 정지하라는
적색 신호가 있다. 또 주위를 살피며 멈추어야 하는
황색 신호도 있다.

서재의 봄

어디 가나 빗장이 걸렸다. 코로나19 때문이다. 가택연금 상태다. '집콕'이니 '방콕'이니 하는 신조어가 유행하는 걸 보니 누구나 처지가 비슷해 보인다. 난생처음 경험하는 세상이다. 보이지 않는 미생물이 인간을 제 방식대로 재배치하고 있다. 이제 부대끼며 살아온 삶의 방식은 박물관으로 보내야 할지 모른다.

서재가 유일한 숨 쉴 공간이다. 그러나 서재에 쌓인 물건들 때문에 마음이 어수선하다. 차가운 삭풍이 사라지고 봄기운이 피어날 터인데 기미가 보이지 않는다. 지인이 선물이라고 준 책을 마다하지 않고 들고 온 탓일까. 아니면 돌이나 유리, 알루미늄으로 만든 수많은 물건이 둥지를 틀고 있어서일까. 모를 일이다. 지난 흔적을 모두 지워야 봄이 올듯하다.

서재의 흔적을 몽땅 지우려다 순간 멈칫했다. 주교님의 말씀이 떠올라서이다. 당초에 아시아 청년대회로 준비하려던 것이, 프란치스코 교황이 참석한다고 하여 세계적인 행사로 확대되었다. 교황 의전에서부터 방문객 안전에 이르기까지 다시 계획을 짜느라 부산하였다. 시간이 얼마 남지 않아서 서두르자, 그는 중요한 일을 결정할 때는 서둘지 말고 여유를 갖고 생각하라면서, 일정을 짤 때도 촘촘히 짜지 말고 비워놓는 시간을 많이 두라는 것이다.

그는 천천히 여유롭게 준비하자는 것이다. 대전 교구청과 바티칸 교황청은 정부 기관에서 하는 행정과 사뭇 다르다. 여유와 비움의 가치를 강조한다. 거미줄처럼 얽히고설킨 교황 일정마저 성글다. 나중에 안 사실이나 뭐든지 서두르면 실수가 나오고 세밀하게 짜놓으면 여유가 없단다. 결과적으로 교황의 모습이 여유롭고 부드럽게 비추어졌다. 솔뫼성지와 해미 성지에서 아시아 청년대회를 성공적으로 마치고, 이어 서울 광화문 시복식까지 그날의 감동을 그려냈다.

그때의 기억을 소환하며 서재를 둘러본다. 서재는 책이나 물건으로 빼곡하다. 책장에 끼어놓은 책들이 가관이다. 보지 않는 헌법, 행정법, 행정학…. 전문 서적이 하얗게 먼지가 쌓여 있다. 자세히 보니 서울에서 공부하던 시절이 떠오른다. 종로경찰서 뒤 고시원에서 함께 공부하던 K는 지금 뭘 하는지, 화폐의 유통속도가 경제에 미치는 영향을 강의하던 L 강사는 살아있는지 죽었는지 궁금하다. 지난날 책이 보이자 부질없는 잡념만 든다. 문밖으로 밀어냈다.

　서재 모서리에 낯익은 물건들이 얼굴을 빼꼼히 내밀고 구경한다. 자세히 보니 삶의 궤적이 오롯이 담긴 물건들이다. 석박사학위증서, 훈장증, 명패, 상패, 공로패, 감사패, 기념패 등 여러 이름을 달고 있다. 한때 화양연화에 상징물이었으나 이미 유통기간이 끝났다. 상자에 담아서 다른 곳으로 치웠다.

　서상(書箱)에 노란 대학노트가 보인다. 삽 십여 년 공직 생활을 기록한 역사다. 주요 현안이나 이슈를 정리해 놓았다. 사실 현직에서 물러나면서 회고록을 쓰려고 준비해 둔 것들이다. 각종 국제회의자료, 문화재단 설치, 메르스 감염병 관리 대책, 프란치스코 교황 방문 준비, 백제 문화제 행사 결과 분석, 무역사절단 지원이나 국제교류단체와 교류 협력 등 백여 권이 넘는다. 오랜 손때가 묻은지라 버리자니 아깝다. 하나, 회고록을 써놓아도 보는 이 없을듯하여 쓰레기장에 버렸다.

　지인이 선물로 준 책이 난감하다. 이름까지 자필로 써놓았으니 답답한 노릇이다. 학위논문, 출판기념 시집, 수필집, 산문집 등 여러 종류다. 그들의 혼과 생각이 담긴 책이라서 함부로 할 수 없다. 답답한 마음에 자별하게 지내는 교수에게 물었다. 그는 대학에서 퇴임하면서 연구실을 정리한 이야기를 들려준다. 재미나 감동을 주었던 책 이외에는 짐이 된다며 과감히 쓰레기통에 버리라고 권했다.

그 말을 염두에 두고 책을 골랐다. 책의 목차와 내용을 꼼꼼히 읽어가며 찾아보았다. 재미와 감동을 주었던 책을 고르려고 하자, 머리만 지근거린다. 대부분 문밖으로 밀려났다. 저자의 친필이 들어가 있는 쪽만 명예훼손이 될지 몰라서 조심조심 뜯어냈다. 서재에서 문밖으로 밀려난 책들은 난리다. 해고된 노동자처럼 바닥에 드러눕기도 하고 똑바로 서서 눈을 부라리고 있는듯하다. 헤어짐에 미련을 두는 건 집착이다.

사흘 만에 서재가 훤해졌다. 주교님의 말씀대로 비우면 또 새로운 게 채워진다. 어느새 서재의 빈 곳으로 따스한 봄볕이 들어온다. 노트북을 꺼내서 강의 준비를 하다 보니 책상 위로 부드러운 햇살이 살포시 다가와서 반긴다.

이제 서재의 봄이 왔다.

— 수필과 비평 작가회의 2021 제27집

말의 멍

 직장생활이 녹록하지 않다. 각자 생각과 말과 행동이 다르기 때문이다. 일전에 직장 젊은이들을 면담한 적이 있다. 그들의 애로 사항을 듣고자 인터넷 창에 띄우자 삼백여 명 가까이 접속해 왔다. 직장생활을 하며 가장 힘든 일을 채팅창에 올려 달라고 당부하자, 각자의 사연이 채팅창으로 쭉 쭉 올라온다. 그런데 야근이 힘들다거나 보수가 적다는 글은 거의 보이지 않았다. 자신을 인정하지 않고 무시하는 말이 가장 힘들었다고 이구동성이다.

 또, 인재개발원에서 강의한 적이 있다. 조직의 간부를 양성하는 '리더십 역량 강화' 프로그램이다. 직장에서 리더십을 발휘하려면 조직 구성원의 애로를 정확히 알아야 하기에 참여자들이 겪은 애로사항을 발표하는 시간을 가졌다.

발표할 사람을 찾으니 서로 눈치만 본다. 얼마 후 한 여성이 단상 앞으로 걸어 나온다. 그녀에게 마이크를 넘겨주었다. 그녀는 교육공학을 전공한 전문직이다. 혼자서 연구하며 밤새우는 일은 즐겁게 할 수 있으나 동료와 함께하는 일은 싫다고 한다. 왜냐하면, 이야기를 섞다 보면 비난하거나 폄훼하는 말이 불편했기 때문이다. 더욱이 힘든 것은 '라떼는 말이야' 하면서 비교하거나 동네 반장처럼 '호구조사' 하듯 사생활을 캐묻는 말이 제일 싫었단다.

뭐든지 시작이 어렵다. 조용히 자리에 앉아 있던 이들이 서로 하겠다고 손든다. 손들고 일어서있는 여성에게 기회를 주었다.

"저는요, 사실 못생긴 것에 대한 콤플렉스를 가지고 있어요."

첫마디가 놀랍다. 개인의 감정과 생각을 솔직하게 말한다. 요즘 밀레니얼 세대가 역시 다르다. 자기 모습을 감추고 숨기려던 예전 시대와 사뭇 다르다. 그녀의 말을 들어보니 약점을 보완하려고 노력을 기울였다. 친구들이 놀러 다닐 때 두문불출하고 열심히 공부하여 우수한 성적으로 학교를 졸업한 것이다. 좋은 회사에 입사하여 전문 직종의 여성으로 성공했으나 남에게 이야기 못 할 고민이 있었다. 좋은 직장에서 그런 일이 있냐고 믿지 않겠지만, 그녀는 거리낌 없이 털어놓았다. 전에 함께 근무한 남자 팀장의 막말이 지금까지도 생생하단다. 일이 많아 야근하던 날 저녁, 팀장이랑 저녁 식사를 함께하러 갔는데 술 한잔을 마시더니 막말을 쏟아 냈다.

"너는 얼굴이 그래서 결혼하기 힘들겠다."

팀장의 말이 가히 충격적이다. 그 한마디에 그녀는 순간적으로 정신이 붕괴한 것이다. 당시 그녀는 뭐라고 반박할 수도 없었다. 못생긴 것은 맞으니까 꾹 참았단다. 이후 그녀는 보라는 듯이 결혼하여 그에게 따끔하게 말 한마디 하리라고 다짐한 것이다. 이를 깨물고 피지컬 피트니스(physical fitness) 센터에서 운동하고 몸매를 가꾸었다. 피부 관리도 받고 화장도 예쁘게 하고 옷도 세련되게 골라 입으며 연애를 한 것이다. 일 년쯤 지나 결혼에 성공했다. 그런데 그 팀장에게 결혼한다는 청첩장을 보내고 싶지는 않았다. 훗날 그녀는 우연히 그 팀장을 만나게 되어서야 입을 열었다.

"팀장님! 저 품절녀 되었어요."

그녀의 말을 들은 팀장은 황당하다는 표정을 짓더니, '음~, 품절녀, 품절녀,' 한참을 머뭇거리다가,

"너는 품절녀가 아니라 창고 대방출 여지."

이 말을 듣고, 그녀는 다시 큰 충격에 휩싸였다. '창고 대방출 여'라고 하는 말이 기억나서 길거리 물류창고에 무슨 대방출을 써 붙인 플래카드만 보아도 스트레스가 확 왔단다. 축의금은 고사하고 '축하해' 말 한마디 하면 고마워했을 텐데 '창고 대방출여'라는 말 때문에, 그녀 가슴에 멍이 들었다. 결국, 말의 멍으로 인해 다니던 직장을 그만두게 되었다는 고백이다.

직장 생활하면서 가장 힘들어하고 불편해하는 게 말이다. '말은 마음의 초상이다.'라고 하는 말이 생각난다. 말은 생각의 옷이고 마음의 그림이 아닌가. 말속엔 얼과 혼이 오롯이 담기게 마련이다. 혀로 생을 찬미할 수도 있고 저주할 수도 있다. 자칫 거슬린 말 한마디가 상대에게는 멍이 되어서 평생 가슴앓이한다. 말은 생명력이 질기다. 마치 담쟁이넝쿨 같다. 뙤약볕 아래서는 말라 죽은 것처럼 보이나 한줄기 비가 내리면 무성해진다.

그 팀장의 말은 다시 반복하고 싶지 않다. 하나 그녀의 멍든 가

슴은 풀어주어야겠다. 늦게나마 막말한 팀장을 대신하여 '사과한다.' 그리고, '진심으로 결혼을 축하한다.'라고 하는 말을 글로 전하고 싶다.

갑년의
시간

애매하다. 가을도 아니고 겨울도 아니다. 비가 내리다 눈이 되기도 하고 눈이 내리다가 비가 되기도 한다. 계절은 갑년의 시간을 대변해 주는 듯하다. 갑년은 젊은이처럼 행세할 수도 없고 늙은이 축에 낄 수도 없는 처지다. 어느새 크로노스(chronos) 시간은 갑년에 와 있다. 옛날 같으면 늙은이 행세했는데 아무도 쳐다보는 이 없다고 두런거린다.

일전에 높은 산에 다녀왔다. 계절이 크로노스 시간이라면 산행은 카이로스(kairos) 시간이 아닌가 싶다. 카이로스 시간은 상황에 따라 적절하게 순간을 포착하여 행동하여야 한다. 산행은 산에 오르는 일도 힘들지만, 내려가는 길도 만만치 않다. 하산길은 등산길보다 육체적으로는 힘은 적게 드나 정신적으로는 긴장되고 복잡하다. 하산길이 나무뿌리처럼 여러 갈래로 나뉘어 있어서 갈림길에서 헷갈리면 엉뚱한 곳으로 내려가기 일쑤다. 자칫 길을 한번 잘못 들면 속수무책이다. 곳곳에 세워진 안내표지판은 낡아서 잘 보이지 않는다. 도중에 행인을 마주하면 물어볼 수 있으나 그 역시 길을 헤매고 있거나 엉뚱한 행보를 하는 경우가 적지 않다.

처음 맞이하는 갑년의 시간이라 낯설다. 갑년의 봉우리에 올라서 보면 만감이 교차한다. 산행에서 올라오던 발걸음을 멈추고 귀로를 생각하듯 현직에서 물러나면서 여생을 그려본다. 의학의 발전으로 수명은 길어지는데 귀로의 이정표가 안개 속이다. 혹자는 앞만 보고 달려오던 관성이 남아서 아침이면 일어나서 세수하고 어디론가 나가려고 하나 마땅히 갈 곳 없다. 길거리를 아무런 목적 없이 어슬렁거리거나 이리저리 헤매다가 집에 돌아오면 집마저 낯설게 느껴진다.

시간 관리를 잘못한 탓이 크다. 시간이란 무엇일까. 누구나 시간은 다 가지고 있다. 하느님이 누구는 예쁘다고 더 주고 밉다고 덜 주지 않았다. 우리가 가지고 있는 시간은 양적인 측면에서 보면 누구나 공평하다. 문제는 시간을 어떻게 사용하느냐에 따라서 삶의 가치가 달라진다. 아무리 많은 시간이라도 소득 없이 헛되이 보낼 수 있고 지극히 짧은 시간이라도 알차게 쓸 수 있다. 어떤 이는 삶의 기술 중에서 가장 중요한 것은 시간 관리라고 한다.

지나간 시간일랑 가슴에 묻어두고 앞으로 다가올 시간에 대하여 그려본다. 고대 그리스인들은 시간을 크로노스와 카이로스로 나누어서 이해했다. 크로노스는 일반적인 시간, 즉 정량적인 의미다. 자연적으로 해가 뜨고 지는 시간이며, 태어나서 늙고, 병들고, 죽는 생로병사의 시간이다. 반면, 카이로스는 인간의 목적의식이 개입된 주관적이거나 정성적인 시간이다.

예를 들어 보자. 순간의 선택이 인생을 좌우한다. 순간은 기회의 시간이며 결단을 의미하는 질적인 시간이다. 사랑하는 사람과 온종일 데이트하는 시간은 날아가지만, 지루한 강의를 들을 때에는 한 시간이 천년의 세월처럼 더디 간다. 크로노스 시간은 누구에게나 똑같은 하루나 카이로스 시간은 날아가기도 하고 기어가기도 하고 제각각이다. 시간은 양적인 측면에서 보면 누구나 공평해 보이나 사람마다 다른 시간 속에서 살고 있다. 하루를 살더라도 각자 느끼는 시간의 속도와 질이 다르다.

갑년의 시간을 톺아본다. 아직 촛불을 끌 때가 아니다. 크로노스의 시간은 관리할 수 없지만, 카이로스(kairos)의 시간은 마음먹기에 따라서 얼마든지 늘릴 수 있다. 인생 백세시대라는 말이 중요하지 않다. 혹자는 머지않아 산에 둥지를 틀 나이라고 칩거하는 이가 있는 반면에, 어떤 이는 왕성하게 지구촌 이곳저곳을 누비고 있다. 시간을 양적인 크로노스로만 받아들인다면 시간의 노예로 살기 십상이다. 따라서 질적인 카이로스 시간을 움켜쥐고 살아가면 좋으리라. 곱게 물들어가는 단풍처럼 순명하는 삶! 멋지게 만들어 갈 수 있지 않을까 싶다.

— 한국문학시대 2021-12 겨울 제67호

소포를 열며

　머리와 가슴이 부딪는다. 차가운 마음과 따듯한 마음의 충돌이다. 잘났다고 우쭐대는 차가운 머리는 따듯한 가슴을 거추장스러워한다. 그러나 따듯한 가슴은 아니란다. 잘나거나 못 나거나 종착역은 하나라며 하늘에 떠가는 구름처럼 여유롭게 살자고 한다. 마치 길섶에 풀꽃처럼 비가 오면 비를 맞고 눈이 내리면 눈을 맞으며 사부작사부작 걸어갔으면 한다. 그런데 알 수 없는 일이다. 따듯한 가슴은 가위에 눌려서 숨 쉬지 못하고 머리가 시키는 대로 움직인다. 동가식서가숙하다가 집에 와보니 문 앞에 도톰한 소포가 와 있다.

　소포를 열어 본다. 볼록볼록한 뽁뽁이로 두르고 붉은 끈으로 단단히 묶었다. 궁금한 마음으로 끈을 풀고 뽁뽁이를 벗기자, 내 얼굴이 담긴 사진과 바로 아래 풀꽃 시인의 신간이 있다. 시인의 생각이 내 마음에 스미자, 따듯한 마음이 온몸으로 번진다. 온화한 모습, 다정한 미소, 따뜻한 차 한잔, 손때 묻은 풍금 소리, 문학관 담장에 아름다운 시화, 봉황산자락에 오래된 목조건물이 파노라마처럼 펼쳐진다.

 나의 차가운 머리는 시인의 따뜻한 가슴에 굽신거린다. 시인이 보내온 사진에 시선이 머문다. 그간 내 모습과는 사뭇 다르기 때문이다. 신문 잡지에 실린 사진이나 영상 속의 내 얼굴은 무표정한데 시인이 보내온 사진은 살아서 숨 쉬는 듯 자연스러운 모습이다. 까만 승용차 안에서 운전대를 잡고 시인의 얼굴을 바라보고 있다. 하얀 이를 내보이며 밝게 웃는 모습이 꾸밈이 없다. 따뜻한 목도리를 두른 걸 보니 겨울인듯하다. 삭풍이 불어오는 추운 겨울임에도 움츠리지 않고 환하게 웃는 모습이 보기 좋다.

 나의 냉정한 머리는 타자를 의식하나 시인의 따듯한 가슴은 풀꽃에 머물러 있다. 일전에 원고 청탁이 왔다. 원고 청탁이 오면, 프로필사진 때문에 부담스럽다. 내 안에 타인이 들어와서 주인행세다. 시인이 보내온 사진처럼 자연스러운 모습을 보내고 싶으나 머리에서는 아니란다. 독자에게 잘 보여야 한다며 이름난 사진관을 찾는다. 그곳에 가면 가관이다. 사진 한 장 찍는데, 한나절이나 걸린다. 카메라 앞에 세워놓고 의자에 앉혔다가 일어서기를 수없이 반복이다. 때로는 벽에 붙여놓고 엉뚱한 곳을 바라보라고 한다. 사진사는 따뜻한 가슴이 아닌 머리로 사진을 찍는다. 겉모습에서부터 속마음까지 마구 고쳐대서 마뜩잖다.

시인의 따뜻한 마음을 배우고 싶어서 풀꽃 시집 한 권은 옆구리에 끼고 다닌다. 맘에 드는 소절을 외워두었다가 뽐내기도 한다. 백제 문화제 때 일화다. 아시아를 호령하던 백제의 기상을 재현하기 위하여 주한 중국대사를 초청하고 싶었다. 인맥이 닿지 않아서 고민하던 중에 한중 우호 교류협회장이 대사와의 만남을 주선해 주었다. 첫 만남이라 마땅히 할 말이 없어서 풀꽃 시 몇 소절을 읊으며 초청의 뜻을 전했다. 즉답은 얻지 못했으나 소박하고 따뜻한 풀꽃 시가 대사의 마음을 움직인듯하다. 대사 자신은 물론, 중국의 여러 도시의 당 간부와 언론인이 대거 참여하였다. 그리고 그들은 백제의 유적과 유물을 꼼꼼히 살피고 풀꽃문학관에 들려서 시인의 풍금 소리에 맞추어 떼창을 하던 모습이 눈에 선하다.

나는 따뜻한 시인의 마을에 머무른 적 있다. 그의 따뜻하고 소박한 가슴을 가까이에서 보았다. 그는 길섶에 이름 모를 풀꽃을 찾아다니며 매일 안부를 묻는다. 온종일 이곳저곳을 누비며 원석 주워다가 비밀 창고에다 넣는다. 누에가 오랜 시간 잠을 자고 나서 고운 실을 뽑아내듯 시인은 주워 온 원석은 별과 달에 물어서 해석하느라 오랜 시간이 걸린다. 그의 시는 자세히 보면 자연의 섭리를 적고 있다. 삶의 이야기를 덧붙이거나 미화하지 않고 옷을 입히지 않은 알몸 그대로다.

  나는 차가운 머리로 세상과 소통하느라 나만의 높은 성을 쌓아 놓고 그늘에서 지냈다. 아마 명함 인생으로 산 탓이 크다. 지금도 의식이나 무의식, 또는 잠재의식에 관성이 남아 있는지 모른다.

  다시 소포를 열어본다. 시인이 보내온 사진처럼 머리 모양에서부터 표정까지 꾸밈없이 자연스러운 모습으로 살고 싶다.

황색 신호등

 장롱면허다. 운전 경험이 없다. 집 가까이에 사무실이 있어서 걸어 다녔다. 가끔 출장 갈 일이 생기면 관용차를 탔다. 그래서인지 교통신호에 대하여 잘 모른다. 신호는 적색과 녹색만 있는 줄 알았다. 적색 불이 들어오면 서고, 녹색불이 켜지면 갔다. 사무실이 먼 곳으로 이전하면서 운전해야 했다. 새 차를 하나 사서 운전대를 잡았다. 황색 신호등에서 어리바리하다가 저승사자에게 잡혀갈 뻔했다.
 차를 가져온 첫날 밤이다. 꿈속에서 운전 연수를 했다. 동살을 보며 일어나 한적한 시골길로 향하니 새벽부터 농부들이 분주하게 움직였다. 초보운전이라 두려운 마음으로 땅바닥에 붙어 기어가듯

했다. 뒤에 따라오던 경운기가 답답했는지 탕탕거리며 추월해 간다. 앞질러 가는 경운기를 보며 은근히 자존심이 상했지만, 서툰 운전이라 어쩔 수 없었다. 순간 알 수 없는 물체가 길을 가로막았다. 경운기 소리에 놀란 고라니 같다. 깜짝 놀라 깨어났다.

다음 날 아침 운전하려니 불길한 예감이 들었다. 차를 세워두고 지인 차에 동승 하여서 출근했다. 그와 함께 가며 지난밤 꿈 이야기를 전해주었다. 마침, 그가 주말에 찾아와 운전 연수를 시켜주겠다고 하여 그를 믿고 운전대를 잡았다. 차를 몰고 시내로 들어서니 도로에 차가 가득하다. 중고차 시장을 방불케 한다. 멀리 신호등이 보이는데 차가 밀려서 한참 동안 기다려야 할 것 같았다. 그런데 갑자기 차들이 썰물처럼 쑥쑥 빠져나간다. 가슴이 뻥 뚫리는 기분이었다. 속도를 내려는 찰나에 앞차가 급정거다.

"꽝, 꽈 광"

앞차 뒤꽁무니를 치받았다. 이어 뒤따라오던 차가 세차게 내 차를 때린다. 순간 저승을 한 바퀴 돌아온 듯했다. 마음을 진정하고 보니 앞차 범퍼가 일그러졌다. 번쩍거리는 외제 차다. 긴 한숨을 내쉬고 있는데 앞차 문이 열린다. 까만 선글라스를 쓴 젊은 여자가 껌을 짝짝 씹으면서 나온다. 그녀의 영혼이 화산처럼 폭발한 것 같다. 삿대질하며 뭐라고 소리치는데 알아들을 수 없다.

처음 겪는 일이라 당황스러웠다. 옆에 앉아 운전 연수를 시키던 그가 문을 열고 나가더니 그녀에게 황색 신호인데 교차로 안에서 차를 세우면 어떻게 하느냐고 한마디 한다. 그녀는 막무가내다. 멀쩡히 서 있는 차를 왜 받았냐고 따진다. 그가 실랑이하는 사이에 스마트 폰을 꺼내 자동차보험 회사에 연락했다.

보험사 직원이 골목길에 숨어 있다 나온 것 같다. 바로 나타났다. 이어 교통경찰 차가 득달같이 달려온다. 큰 교차로에서 차들이 엉켰으니 그야말로 아수라장이다. 지나가는 이들이 힐끔힐끔 쳐다본다. 졸지에 동물원의 원숭이가 된듯했다. 경찰이 내게 와서 경례를 붙이더니 운전면허증을 내놓으란다. 미안하다고 조아리며 면허증을 건넸다. 그는 내 차에서 블랙박스 칩을 꺼내 확인하더니 혀를 끌끌 찬다.

"황색 신호등에 진입하셨군요."

교통경찰이 면허증을 돌려주며 피식 웃는다. 교차로 앞에서 신호가 황색으로 바뀌었는데 멈추지 않고 달린 것이 내 불찰이란다.

이를 지키지 않아 보험 처리가 되지 않고 형사책임까지 져야, 한다는 엄포다. 어쨌든 몸은 크게 다치지 않아서 다행이다.

황색 신호등은 애매하다. 황색 신호에 걸리면 가던 속도대로 빨리 지나가야 하나, 아니면 브레이크를 밟아야 하나 망설이게 한다. 황색 신호 구간은 애매하여 일명 딜레마 존이라고 부른다. 교통사고를 당하며 한 가지 얻은 게 있다. 녹색 신호 뒤의 황색 신호는 녹색 신호의 연장이 아니라 적색 신호를 알리는 멈춤의 예비 신호라는 걸 알았다. 곧 적색 신호로 바뀌니 속도를 줄이라는 의미다. 이미 교차로에 진입한 차는 신속하게 교차로를 빠져나가야 했다. 요즘 교통사고 판독은 과학이다. 병원에서 최첨단 장비가 병명을 찾아내듯 차에 부착한 블랙박스가 정확히 알려준다.

인생길도 신호등이 있는 것 같다. 열심히 달려 나가라는 녹색 신호가 있고, 정지하라는 적색 신호가 있다. 또 주위를 살피며 멈추어야 하는 황색 신호도 있다. 아직 내 가슴에 피고 지는 꽃이 부지기수다. 치열한 생존경쟁 속에서 앞만 보고 달려왔던 관성이 노년까지 남아 있다. 하나 마음만 청춘이지 몸은 아니다. 여기저기서 황색 신호등이 들어오고 있다. 눈이 침침하고 귀가 어둡고 목에서 쉰 소리가 난다. 이는 위중한 병에 걸리기 직전에 나타나는 황색 신호 같은 전조증상일 거다. 나이 탓으로 치부하고 무심코 지나

친다면, 큰 병으로 이어져 노년이 불행해질 듯하다. 갑년이 지나니 황색 신호가 무섭다.

황색 신호등은 성찰의 신호다. 황색 신호에 멈추지 않고 달리면 교통사고를 당하듯 우리 인생도 매한가지다. 자칫 저승사자의 먹잇감이 될지 모른다. 인생 백세시대라고 하나 칠순을 넘기지 못하고 떠나는 지인이 있다. 그는 황색 신호를 무시해서다. 젊은 날 질주하던 관성을 그대로 가지고 천상으로 떠났다.

내 몸에 황색 신호등이 들어왔다. 나를 슬프게 하는 일이다. 체지방이 높고 근육량이 감소하고 골밀도가 떨어졌단다. 자칫 잘못하면 중병으로 이어질 수 있다는 의사의 경고다. 하루도 빠짐없이 꾸준히 운동하라고 권한다. 지난 교통사고보다 더 두렵다. 가는 세월 앞에 질병은 속수무책이나 그렇다고 손 놓고 있을 수 없는 노릇이다. 신발 끈을 조여 매고 길을 나선다.

- 수필과 비평 2023-5 제259호

미리 가 본
요양원

꼭지 뉴스다. 관내 요양원에서 노인을 학대했다는 보도다. 보도가 나가자 여기저기서 전화가 온다. 다급한 마음에 담당 팀장과 길을 나선다. 초행길이라 내비게이션이 알려주는 대로 따라갔다. 해안 길을 달리다 보니 목적지 부근이란다. 서해가 내려다보이는 산중턱이다. 조붓한 산길을 따라 올라가자, 요양원이 나온다. 원장은 미리 연락을 받아서인지 옷을 말쑥하게 차려입고 문 앞에서 기다리고 있다.

그녀는 바로 자신의 사무실로 안내다. 원장실에 들어서자, 서해가 한눈에 들어온다. 저녁노을에 비친 바다는 별천지 같다. 포근한 새털구름이 노을에 물들어서 그야말로 장관이다. 조금 전 밝았던 그녀의 표정이 굳어간다. 어눌한 말투로 요양원 운영이 어렵다고 나직하게 말한다. 친부모님처럼 어르신들을 모시나 난폭한 치매 환자 때문에 크고 작은 사건 사고가 일어난다며 하소연이다.

현장을 둘러보자고 했다. 복도 양쪽 방에는 머리가 허연 노인들이다. 침대에 웅크려 돌아누운 이, 꾸어다 놓은 보릿자루처럼 쭈그려있는 이, 반쯤 넋이 나간 듯 퀭한 눈으로 멍하니 허공이나 바라보는 이들이다. 짙은 어둠이 내려앉아서인지 음산하고 퀴퀴한 냄새가 진동이다. 그 사이로 저승사자가 오가는 듯하다. 백여 명 남짓한 노인이 교도소에 있는 무기수처럼 표정을 잃고 복역 중인 것 같다. 말이 좋아 요양이지, 여기저기 고장 난 쓸모 잃은 육신의 폐기물 처리장 아닌지 모른다.

"일동 차렷, 이상 무"

잠시 상념에 잠겼다가 깜짝 놀랐다. 바닥에 누워있던 이가 벌떡 일어나면서 소리친다. 그는 외모가 수려하고 듬직한 장군처럼 생겼다. 그녀가 그를 바라보며 처음 들어올 때는 멀쩡하던 이가 시간이 지날수록 난폭한 치매증세가 보인다며 걱정이다. 온종일 누워있다가 사람 소리가 나면 일어나서 소리를 지르고 물건을 집어 던지며 난리를 피워서 곤혹스럽단다. 이번 사건의 발단도 그이 때문이라고 한다.

사건에 대한 자초지종이다. 요양원에 있는 어머니를 모처럼 찾아온 딸이 오해하면서 비롯되었다. 그녀의 어머니는 똥오줌을 가리지 못해서 욕창 매트 위에서 지냈다. 오랜 시간 욕창 매트 위에서 지내자, 엉덩이가 검푸르게 변한 걸 모르고 노인을 학대했다고 신고한 게다. 그녀가 흥분하자, 난폭한 치매 환자가 다가와서 난동 부린 것이다. 사실 자주 찾아오는 이들은 이러한 사정을 알고 조용히 다녀가는데 그녀는 처음이라 낯설었던 모양이다.

치매가 원흉이다. 그녀는 요양원에 있는 노인 대부분이 가벼운 치매 증상을 보이나, 사람마다 진행 속도가 제각각이라고 한다. 매일 규칙적인 운동을 하는 이는 치매를 늦출 수 있으나 운동하지 않는 이는 진행 속도가 빠르단다. 주변을 산책하거나 실내에서 운동을 꾸준히 한 이는 치매가 와도 아이처럼 웃는 예쁜 치매가 온다고 한다. 이번에 사고를 낸 이는 운동하지 않고 누워서 지내더니 인지력이 떨어졌다고 한다. 치매는 누구에게나 두려운 질병이다. 본인은 모르나 치매 환자를 보호하는 이에게는 여간 힘든 일 아니다. 가까이 지내는 가정의학 전문의에게 물어보았다. 치매의 원인은 적확히 알 수 없으나 그녀의 말처럼 꾸준하게 운동하면 치매의 진행 속도를 다소 늦출 수 있다고 말한다.

　요양원에 가기가 부담스럽다. 우연히 왔다가 인생 끄트머리에 요양원으로 가는 게 가혹한 형벌 같다. 요양원이 천당인지, 연옥인지, 지옥인지 모르겠다. 이름만 아름답지, 감옥이나 다름없다. 자칫 잘못하면 스스로 일어서지도, 눕지도 못한 채 형기도 모르고 지내려니 얼마나 답답한가. 자신의 온갖 추한 꼴을 타인에게 보이자니 자존심이 문드러질 거다. 현대 의학이 선물한 유병장수라는 질병 아닌 질병이 장수를 축복 아닌 재앙으로 바꾸고 있다. 요양원은 어딘지 모르게 아득한 세상으로 떠나는 이생의 마지막 길목인 거 같다.

　머지않아 산에 둥지를 틀 나이다. 미리 가 본 요양원이 자꾸 떠오른다. 이제 자식에게 의지한다는 꿈은 깨야 한다. 그들의 삶이 녹록하지 않기 때문이다. 스스로 앞가림해야 할 텐데 그림이 그려지지 않는다. 지난날 같이 일하던 이를 만나도 이름이 기억나지 않고, 반듯하던 걸음걸이도 예전 같지 않다. 행여 하느님께서 초라하게 늙어가는 모습을 잊으라고 치매를 선사한 것인지 모르겠다.

　다가올 미래는 아무도 모른다. 먼저 달려가서 만져볼 수도 없고 다가가 찔러 볼 수도 없는 노릇이다. 품격 있는 노후를 맞이하고 싶은데 늘 물음표와 느낌표다. 어떻게든 내 앞가림은 내가 하고 싶은데 두려움이 앞선다. 마지막 가는 길, 치매가 오더라도 예쁜 치매가 왔으면 한다.

 '걷쥬' 앱을 켜고 달린다.

— 한국문학시대 2022-6 여름 69호

흰 지팡이
짚고

　눈이 말썽이다. 뻑뻑하고 침침하다. 어제는 꽃비가 쏟아지는 길을 마냥 걸었다. 시집을 옆구리에 끼고 별처럼 반짝이는 시구(詩句)를 읊조려 보기도 했다. 이제 아름다운 꽃을 보고 흥미로운 책을 읽던 시간은 내게 더는 쉬운 일이 아닌듯하다. 아침에 일어나 거울을 보니 눈이 반란을 일으켰다. 눈동자에 피멍이 들고 실핏줄까지 튀어나와 다급한 마음에 병원으로 달려갔다.

　한나절 검사를 받았다. 안과전문의가 번쩍거리는 빛과 센 바람을 눈에 들이대더니 심각한 표정이다. 그는 어두운 곳에서 컴퓨터나 스마트 폰을 오래 보면 생기는 증상이라며 시신경이 위축되고 안압이 높단다. 불빛을 보면 주변에 무지개가 보이나요. 눈을 감으면 작은 점이 여러 개 떠다니죠? 질문이 이어졌다. 초조한 마음에 아무 말 하지 않았다.

눈은 솔직하다. 눈이 말을 걸어온다. 지금까지 어떻게 살아왔는지 되돌아보란다. 출근하면 결재할 전자문서가 산더미처럼 쌓였다. 깨알 같은 글씨를 매일 읽어 내느라 눈이 고단했다. 그래도 한글이나 영어는 낫다. 낯선 글자가 올라와 있으면 스트레스가 이만저만이 아니다. 구글 번역기를 돌리고 전문가에게 자문하느라 홍역 치른다. 행여 외부 일정이 생기면 눈은 더 혹사당한다. 일을 마치고 돌아와서 어두침침한 사무실에 컴퓨터와 씨름해야 했기 때문이다. 가끔 눈이 아파서 쏟아지는 눈을 손으로 받쳐 들고 집으로 오곤 했다.

의사는 촬영한 영상을 보며 고개를 주억거린다.

"음, 녹내장. 음, 치료가 어려워서 자칫 실명할 수도."

백내장은 들어보았어도 녹내장은 금시초문이다. 실명이라는 말이 충격적이다. 갑자기 시각장애인이 되었다는 상념에 빠진다. 지난 일을 원망한들 소용없는 일이다. 타인에게 일어나는 일이 내게도 일어날 수 있는 일이라는 걸 알게 되었다.

문득 '흰 지팡이의 날' 행사에 갔던 기억이 난다. 흰 지팡이의 날은 시각장애인의 권리를 보장하기 위하여 지정한 날이다. 처음 접하는 행사라 낯설었다. 앞을 보지 못하는 이들이 흰 지팡이를 짚고 운동장에서 서성인다. 그런데 자신이 거주하는 지역 푯말을 어떻게 알아보고 찾아가는지 신기하다. 다가가서 점자 명함을 건네며 인사하자, 가족처럼 다정하게 반긴다. 명함을 받아 들고 점자를 만져가며 이름을 부르고 손을 어루만지던 모습이 눈에 선하다.

"눈뜬 소경이 많아요."

시각장애인 협회장의 첫마디다. 무슨 의미인지 알 수 없어서 잠시 머뭇거렸다. 가만히 들어보니 권력이나 돈에 집착하는 이를 꾸짖는 말이다. 가슴이 뜨끔했다. 몸이 상하는 줄도 모르고 승진하려고 발버둥 치던 모습이 부끄럽다. 이들은 야생초처럼 비가 오면 비를 맞고 바람 불면 바람이 부는 대로 지내왔다. 그래서 생존할 수 있는 마음의 근육이 탄탄하다. 앞이 보이지 않아도 답답해하지 않는다. 점자 보도블록을 흰 지팡이를 두드려 가며 사부작사부작 걸어간다. 점자도서관에 갔더니 시각장애인들이 고시생처럼 진을 치고 앉아서 공부다.

곰곰이 생각해 보니 두 가지 눈이 있다. 하나는 외부 세계를 바라보는 육신의 눈이요. 또 다른 하나는 내면의 세계를 바라보는 마음의 눈이다. 외부 세계를 보는 육신의 눈은 비교적 자연스럽게 발달하여 시력을 가진다. 내면의 세계를 바라보는 마음의 눈 역시 발달 과정을 거치나 사람마다 다르다. 시간이 지나며 외부 세계를 바라보는 육신의 눈은 점점 침침해지나 내면의 세계를 바라보는 마음의 눈은 사람에 따라서 천차만별이다. 시각장애인은 내면의 세계는 바라보는 눈이 발달한 듯하다.

눈이 침침해지자, 내면의 세계가 조금씩 보인다. 욕심이 조금씩 줄어들고 생각이 점점 깊어진다. 화려한 생활보다는 소박한 삶이 좋고, 값비싼 옷보다 편안한 옷이 좋다. 귀가 있어서 감미로운 음악을 듣고 코가 있어 향기로운 냄새를 맡을 수 있다. 손이 있어 부드러운 걸 만질 수 있고 두 발이 있어서, 가고 싶은 곳 어디든 갈 수 있어 고맙다. 지금 팔다리가 없어 의수와 의족을 끼워 넣어야 생활할 수 있는 이가 있다. 당장, 안구 신장 심장을 바꾸거나 간을 이식해야 살 수 있는 이도 여럿이다. 이만한 게 다행스러운 일 아닌가.

의사는 나를 달랜다. 일희일비하고 싶지 않다. 어차피 운명이라면 내가 걱정할 몫이 아니다. 그보다 자신의 내면세계를 바라보는 마음의 눈이 어두워질지 두렵다. 설령 육신의 눈이 보이지 않는다면 흰 지팡이 짚고 살면 되리다.

거실에 따듯한 햇살이 우울한 마음을 달래준다. 창밖엔 하얀 이팝나무꽃이 흐드러졌다. 내년에도 다시 볼 수 있으려나.

– 수필울 동인지 2023 제4집

분갈이
하며

　분갈이가 쉬운 일 아니다. 가정에서 식물을 키울 때 보면 빛이나 통풍, 그리고 물주기에만 관심 있지, 분갈이는 어려워한다. 인사이동 때마다 지인이 보내온 화분이 걱정이었다. 화려한 호접란이나 아름다운 철골 소심 등 잘못 관리하면 죽일까 두려웠다. 생각 끝에 경로당이나 마을 회관, 때로는 다른 사무실로 보냈다. 그런데 함께 일하던 이가 기르기 쉬운 식물이라고 집으로 가져왔다. 처음에는 보기 좋았다. 관엽식물이라 활기차게 뻗은 가지와 잎이 싱싱하고 푸르렀다. 해가 지나자, 가지에 힘이 없고 잎이 누렇게 시들어간다.

　화분을 내다 버리려고 들었다 놨다 하던 참이다. 자세히 보니

원 가지는 시들어가나 뿌리에서 푸릇푸릇한 움이 돋아난다. 새움은 먹구름 사이 한 줄기의 빛처럼 보였다. 사실 식물은 일 년만 키울 것이 아니라면 분갈이는 선택이 아니라 필수다. 그러함에도 내버려두는 이유는 막연하게 '분갈이는 어려워'라고 하는 이유 아닐까 싶다. 용기를 내어 분갈이를 해주어야겠다고 마음먹었다. 분갈이 시기는 정해놓은 것은 없으나 보통 봄과 가을에 한다.

화분을 자세히 들여다보니 가관이다. 분속에 흙이 절어 있다. 물만 주어서인지 뿌리는 물구멍으로 빠져나왔다. 오랜 기간 분갈이해 주지 않은 탓에, 흙 속에 영양분과 미생물이 없어서 성장을 멈추고 잎이 노랗게 변한 것이다. 손 삽으로 분속에 흙을 아무리 찔러도 꿈쩍하지 않는다. 하는 수 없이 개수대에 분을 집어넣고 물을 가득 채웠다. 흙이 물에 불면 분에서 뿌리를 빼어낼 심산이다. 그런데 분 안에 뿌리가 가득하다. 뿌리가 서로 얽히고설키어 빼낼 재간이 없다. 마치 다 큰 자식이 부모 곁에 붙어있는 것처럼 볼썽사납다. 칼로 어렵사리 새움을 갈라냈다. 새 화분에 움을 심고 상토와 물 빠짐이 좋은 마사 토를 넣어 분갈이해 주었다. 얼마 지나지 않아서 생기가 돌고 새잎이 나온다.

분갈이한 새잎을 보며 회억에 젖는다. 결혼할 무렵 부모님이 일찍 돌아가셔서 외롭게 보였나 보다. 주위에서 자식을 많이 두라고 성화였다. 하나 옹색한 살림이라 아들 하나만 두었다. 사실 나라에서 아들딸 구별 말고 하나만 낳아 잘 기르자는 구호가 한몫했다. 하나밖에 없는 아들이라 끔찍이 생각했다. 그의 숙제를 도와주려고 산골짜기에 가서 개구리를 찾고 논두렁에서 메뚜기를 잡았다. 이뿐인가. 그가 물놀이하고 싶다고 하여서 외국 출장길에 좋은 고무보트를 사다가 함께 물놀이했다. 중고등학교까지는 몰랐는데 대학을 마치고 군대 다녀와서 집으로 들어오자, 가슴이 답답해졌다. 비좁은 집에 장성한 아들과 함께 지내려니 여간 불편하지 않았다.

아내는 화분에 뿌리처럼 하루가 다르게 아들과 얽히고설키어 간다. 나이가 들어가는 아들을 바라보는 심경이 복잡하다. 그는 결혼에 관심이 없어 보였다. 젊은이의 삶이 팍팍하고 고단한 탓이다. '라떼는 말이야' 해가며 사글셋방이라도 얻어서 분가하라고 할 수 없는 처지다. 내가 형편이 된다면 아들에게 새집을 마련해 주고 싶었다. 가진 것 없는 가난한 자이기에 살던 집을 수리해 주기로 마음먹었다. 부엌과 화장실을 새롭게 꾸미고 창호와 바닥을 깔끔하게 만들었다. 그리고 분갈이할 때 새움을 갈라내는 심정으로 아들과 갈라섰다.

분가시키며 만감이 교차했다. 식물이 자라면 분이 비좁아서 뿌리가 화분 바닥을 뚫고 나오듯 자식이 장성하면 살던 집이 좁게만 느껴진다. 식물을 때맞추어 분갈이해 주어야 잘 자라듯 가족도 때맞추어 분가해 주어야 편하다. 그런데 세상의 변화 속도가 너무 빠르다. 가족이라는 분(盆)이 점점 작아진다. 할아버지와 함께 사는 대가족 중심에서, 부부 중심의 핵가족을 지나 혼족이 늘어나는 추세다. 부모와 자식 간뿐만 아니라 부부간에도 분을 나누어서 각자도생해야 하는 시대가 온 듯하다. 서둘러서 혼자 사는 연습을 해야 할지 모른다. 밥, 빨래, 청소,….

어쨌든 복잡한 마음이 맴돌다 멈추었다. 분갈이한 금전수에서 뿌리가 내리고 새잎이 돋아나듯 아들이 결혼하여 손주를 보았다. 하느님께 감사하고 아들 내외에게 고마운 마음 전한다. 금전수를 보며 회심의 미소가 나온다. 천상에 계신 부모님이 흐뭇해하시지 않을까.

- 동행문학 2024-3 봄호

정말 아리송하다

건강하게 살았다. 갑년이 되도록 병원 신세 진 적이 없으니 말이다. 바이러스가 제 방식대로 설쳐대도 버티어냈다. 집에만 납작이 엎드려서 지냈기 때문이다. 지인이 모임에 나오라고 성화하여도 나가지 않았다. 그는 코로나19에 걸리지 않은 이는 사회성이 부족하다고 비아냥거려도 못 들은 척했다.

그런데 대면 강의 요청이다. 추석을 앞두고 인재개발원에서 출강하라는 연락이다. 한참 망설였다. 감염병에 걸릴까 두려워서다. 텔레비전 영상 속에 사람들이 거리를 활보하고 식당이나 카페에 많은 이가 붐빈다. 영화관이나 공연장도 젊은이들이 넘쳐나고 도로에 움직이는 차량이 그득하다.

마음 놓고 출강 요청에 동의했다. 인재개발원에서 대면 강의로 하되 강의 도중 5 프로 이상 환자가 나오면 비대면 강의로 전환하겠다는 단서를 달아 놓았다. 그러니 두 가지로 강의를 준비하여야 했다. 비대면 강의는 지난번 강의 자료를 일부 수정 보완하면 되나 대면 강의는 생소하다. 새로 준비해야 하기 때문이다. 현장 분위기에 맞게 새로 구성하느라 밤새웠다.

출강 하루 앞두고 담당 주무관의 연락이다. 코로나19 검사를 받아야 한다는 게다. 비대면 강의할 때는 신경 쓸 일이 아니었으나 대면 강의하자니 번거롭다. 약국에서 자가 검사 키트를 사서 검사했다. 다행스럽게 한 줄이 나와 검사 패드를 담당 주무관에게 확인받고 기숙사에 들어가서 휴식을 취했다.

다음 날 아침, 구내식당에서 식사하고 오랜만에 강단에 오르니 낯설다. 마스크를 쓰고 있으니 서로 누가 누군지 알아볼 재간이 없다. 그래도 강사가 누구인지는 소개해야 했다. 첫 화면에 콩밭 매는 칠갑산을 배경으로 지게 지고 서 있는 모습을 보여주었다. 칠갑산 지게꾼의 아들이라고 운을 떼자, 교육생들이 박수로 화답이다. 이쯤 되면 라포 형성이 되었다고 생각하고 강의에 들어갔다.

강의 제목은 간부의 리더십 역량 강화다. 역할연기와 집단토론을 이어가면서 역량별 사례를 끄집어내어 흥미롭게 학습 분위기를 이끌었다. 성인교육은 오래 하기 어렵다. 틈틈이 휴식 시간을 주어야 한다. 쉬는 시간이면 누군가 커피를 단상에 올려놓는다. 고마운 일이나 감염병 때문에 마실 수 없었다. 감사 인사를 건네고 아무도 모르게 슬그머니 강사휴게실로 가져와 처리했다.

강의 마지막 날, 어렵사리 강의를 마치고 차에 오르니 온몸에서 열이 난다. 목이 아프고 팔다리가 늘어지며 만사가 귀찮다. 강의가 끝나서 긴장이 풀려 그러려니 여기며 저녁노을을 끌고 집으로 돌아왔다. 샤워하고 방에 누우니 몸이 오슬오슬 춥고 떨린다. 여기저기 두들겨 맞은 것처럼 쑤셔서 잠을 이룰 수 없다. 이렇게 아파보긴 난생처음이다. 야간 병원을 찾아보았으나 마땅히 갈만한 곳이 없다.

아침이 되어서야 겨우 병원에 갔다. 목구멍이 아파서 말이 나오지 않는다. 간호사가 체온을 재니 38도가 넘는다. 그녀는 콧구멍에 면봉을 넣고 이리저리 후비더니 기다리란다. 얼마 후 담당 의사가 부르더니 코로나19 양성반응이 나왔다며 일주일간 격리하란다. 가족이든 누구든 일절 접촉하지 말라며 약을 처방해 준다. 얼마 후 보건소에서 전화가 왔다. 인적 사항을 확인하더니 격리 수칙을 일러주며 준수하라고 당부다. 졸지에 당한 일이라 당혹스러웠다. 강의나 모임 일정을 모두 취소하고 칩거에 들어갔다.

때로는 하루도 길다. 온종일 집에 홀로 누워 있자니, 시간이 더디 흐른다. 답답한 마음에 집을 나서서 호텔 커피숍에 가보니 형사처럼 취조다. 인적 사항을 묻더니 코로나19 양성 환자라며 문전박대다. 다시 발길을 돌려 집으로 왔다. 이상한 문자가 날아왔다. 나라에서 시킨 대로 격리하지 않으면 처벌한다는 엄포다. 지옥이 따로 없다. 자유를 구속당하면 지옥이다.

이 병이 어디서 왔을까. 잠복 기간에 만났던 이들을 떠올리며 마음속으로 역학조사를 해 본다. 강의하러 가기 전에 산소에 성묘하러 다녀온 것뿐이다. 아무도 만나지 않았다. 강의하러 가서, 기숙사 구내식당 강의실에 마스크를 꼼꼼히 챙겨 쓰고 다녔다. 교육생이 마시라고 준 커피도 한 모금 마시지 않았는데 도대체 어디서 감염된 것인지 알 수 없다. 심지어 지인으로부터 사회성이 부족하다는 비아냥도 참아내며 시키는 대로 했는데 귀신이 곡할 노릇이다.

정말 아리송하다. 인간은 보이지 않는 바이러스에 속수무책이다. 누가 인간을 만물의 영장이라고 했는가. 미세한 바이러스가 제 방식대로 인간을 재배치하고 있다. 거들먹거리는 인간에게 경종을 울리는 게 아닌가 싶다.

– 수필울 동인지 2022 제3집

3부
영농일기

'포기'는 동시에 '선택'이다.
남은 인생 즐거운 시간으로 채우기 위하여 내가
포기할 수 있는 게 무엇인지 곰곰이 생각해 본다.

빈계산 **품**에서

    가을이 성큼 다가왔다. 여름에 뜨거운 기운을 내뿜던 태양이 이울면서 서늘한 느낌마저 든다. 더울 때 입던 반소매 옷은 벗어놓고 장롱 속에서 긴 옷을 꺼내 입었다. 집을 나서자, 코앞에 빈계산이 수줍은 처자처럼 색조 화장을 하고 반긴다.

    도심 속에서 살다가 빈계산 자락으로 이사 왔다. 현직에서 물러나며 시골로 이사하려다가 시내 가까이 자리 잡았다. 왜냐하면, 나이가 들어감에 따라 아프면 병원에 가야 하고 외로우면 영화라도 한 편 보고 싶어서다. 한때 주말이면 높은 계룡산을 찾았으나 요즘은 나지막한 빈계산에 자주 오른다. 지인과 도란도란 이야기 나누며 올라가서 김밥을 나누어 먹고 내려오는 재미가 쏠쏠하다.

오늘따라 빈계산 주차장이 붐빈다. 예전보다 주차장을 널찍하게 만들어 놓았으나 단풍 구경하러 온 이들이 많기 때문이다. 남녀노소 할 것 없이 몰려온다. 이 산은 도시 생활에 지친 이에게 아늑한 품을 내어준다. 조붓한 오솔길을 따라 걷다가 보면 그리운 어머니 생각이 난다. 숲속 바람은 어머니의 숨소리처럼 부드럽고 계곡에 흐르는 물소리는 어머니의 목소리처럼 정겹다. 이곳에 오면 고단한 삶 속에 구겨진 마음을 판판하게 다림질할 수 있다.

빈계산은 자세히 보면 삼 형제 봉우리다. 주봉은 빈계산으로 금수봉과 도덕봉을 아우르고 있다. 어느 봉우리든 누구나 쉽게 오를 수 있다. 주봉은 주차장에서 바로 오르면 된다. 한 시간 남짓 가파른 길을 오르면 산 정상이 나온다. 동쪽으로 대전 시내가 보이고 서쪽으로 계룡산 봉우리를 조망해 볼 수 있다. 금수봉은 빈계산과 도덕봉 사이에 놓여있다. 빈계산 정상에서 능선을 따라서 내려가다가 오를 수 있고 수통골에서 오른쪽 계곡을 따라서 오르다 보면 금수봉 봉우리가 나온다. 도덕봉은 올라가는 길은 조금 힘하고 가파르다. 세 봉우리 중에서 오를 때 가장 힘이 많이 들어가는 봉이다. 산행하는 이의 컨디션에 따라서 선택하면 좋으리다.

수통골은 빈계산의 호위무사 같다. 이곳은 시간이 없는 이나 산에 오르기 힘든 이를 보듬어준다. 사실 빈계산은 수통골로 아는 이가 더 많다. 시내버스조차 수통골 입구라고 써 붙이고 다닌다. 수통골 계곡은 양쪽으로 산책로가 잘 다듬어져 있다. 그뿐인가. 계곡 사이에 아담한 호수가 있다. 호수 안에는 여러 종류의 물고기가 살고 있다. 주말이면 인근 식당이나 카페가 북새통을 이룬다. 그들은 밥을 먹거나 차를 마시고 나면 수통골 계곡으로 향한다. 다정하게 손잡고 거니는 연인, 오붓하게 가족끼리 산책하는 이, 혼자 외로움을 달래러 찾아온 이 등 여러 모습이다.

혹자 이곳이 소문날까 봐 두려워하는 이가 있다. 왜냐하면, 찾아오는 이가 늘어나서 계곡이나 등산길이 망가지기 때문이다. 지인과 동행한 적이 있다. 그는 자연 보호에 관심이 많은 이다. 계곡이나 등산로에 함부로 버려진 쓰레기를 보면서 머지않아 쓰레기가 인간에게 재앙이 될 거라며 걱정이다. 그는 일회용을 사용하지 않는다. 김밥을 주문하여도 젓가락을 빼고 김밥만 담아오고 물은 꼭 물통에 가져오곤 한다. 결국, 자연을 아끼는 게 자신을 보호하는 거라고 내게 간곡히 당부했다.

그를 만나면서 환경보호에 관심 가지게 되었다. 빈계산 봉우리에 올라서 산자락을 굽어보았다. 빈계산 숲이 흔들린다. 멀쩡한 소나무가 잘려나가고 산자락이 떨어져 나간다. 그 자리에 높은 건물이 오벨리스크처럼 하늘로 올라가고 있다. 인간의 욕심이 어디까

지인지 모르겠다.

잠시 상념에 잠긴다. 이제는 어쩔 수 없다. 빈계산 품으로 이사 왔으니 빈계산은 나와 생활 공동운명체다. 쾌적한 주거 공간을 지키기 위하여 틈틈이 이산에 청소부가 되기로 마음먹었다. 내 마음이 전달되었는지 붉게 물든 단풍이 비가 되어 내린다. 앙상한 가지만 남으니 허허롭다. 마치 노년을 맞이한 내 모습을 닮은 듯하다.

비로소 인간은 혼자 있을 때 온전한 자신이 된다. 신발장에서 쓰레기 봉지를 하나 꺼낸다. 운동화 끈을 묶고 빈계산으로 향한다.

― 한국문학시대 2019-12 겨울 제59호

구름 카페

 두 마음이 싸운다. 현직에서 물러나며 심해졌다. 한마음은 지나온 관성대로 매일 아침 일어나서 세수하고 정장을 차려입고 어디론가 나선다. 또 다른 마음은 창밖에 유유자적 흘러가는 구름을 보며 몽상에 사로잡혀 있다. 그 사이에서 어느 편도 들지 못한 채 눈치를 보느라 갈팡질팡이다.
 하루는 정장을 차려입고 지인의 오피스텔에 가보았다. 그는 무슨 연구소라고 하는 간판을 걸어놓고 매일 출근이다. 강의나 연구 의뢰를 받아서 일하는 줄 알았는데 비좁은 공간에서 무료하게 지낸다. 가끔 바둑을 두거나 묵언수행이다. 마뜩잖다. 시골로 내려가서 농사짓는 이를 찾아가 보았다. 그는 너른 쉼터를 만들어놓고 커피를 마시며, 지나가는 구름과 노닥인다. 그의 모습이 여유로워 보였다.

　시골 사는 이가 부러워 보였다. 나도 구름과 노닥이는 구름카페 하나 갖고 싶어졌다. 구름을 보면 마음이 편하다. 자유를 만끽하는 나그네 같다. 그래서인지 구름은 수많은 일화를 가지고 있는 듯하다. 구름 속에 꿈을 품은 청운아도 있고 세상을 맘대로 움직이는 풍운아도 있다. 구름카페에 청운아가 와도 반기고 풍운아가 와도 반길 거다. .역마살 낀 구름이 머물다 떠나도 좋다. 다만 암운이나 전운은 느낌이 좋지 않다. 암운은 위험이나 파탄을 암시하고 전운은 전쟁이나 전투가 벌어지는 조짐이 보여서 피하고 싶다.

　조그만 구멍가게를 내더라도 따져 본다. 구름카페를 내면 어떤 손님이 올지 궁금하여 세상에 떠도는 구름을 두루 모아보았다. 높고 맑은 하늘에 가볍게 떠다니는 새털구름, 작은 구름 조각이 물결처럼 얇게 펼쳐진 비늘구름, 높은 하늘에 크고 둥글둥글하게 덩어리진 양떼구름, 가끔 하늘을 덮은 잿빛처럼 푸른색을 띤 회색차일구름, 비가 올 때 안개처럼 땅 위에 기어가는 안개구름, 위는 둥글고 밑은 편평한 모양에 뭉게구름, 위는 산 모양으로 솟고 아래는 비를 머금은 소나기구름 등 부지기수다. 구름카페를 열면 성황을 이룰 것 같다.

구름카페 터를 어렵사리 마련했다. 빈계산 자락이다. 겨우내 여기저기 수소문해 보았으나 허사였다. 인근 신도시가 들어서면서 땅값이 치솟기 때문이다. 다들 움켜쥐고 내놓으려 하지 않았다. 하늘이 도왔다. 마침, 아들이 결혼하여 집을 사주게 된 이가 급하게 돈이 필요한 모양이다. 급매물로 나온 조그만 밭떼기다. 이중비닐하우스 안에서 상추를 심어 생계를 꾸리던 땅이다.

그곳에 허름한 쉼터를 만들었다. 밀목재에서 공방하는 지인이 마음을 닦으라며 '세심정'이라는 서각을 새겨왔지만, 이건 아니다. 나는 흘러가는 구름과 노닥이고 싶어서 구름카페라고 이름 지었다. 구름카페에서 하늘을 쳐다본다. 그야말로 구름이 사는 카페 같다. 하루는 높은 하늘에 떠가는 뭉게구름이 친구하고 또 하루는 쉼터 가까이에 머무는 안개구름과 애인하며 지낸다. 구름 외엔 아무도 없으니 시비하는 이 없고 잔소리하는 이 없다. 구름은 아무런 말 하지 않는다.

초보 농부라 서툴다. 농지 대장을 만들라고 하여서 동 행정복지센터에 신청하였더니 비닐하우스 안에 아무런 작물이 없다고 반려다. 급한 마음에 땅을 파고 씨앗을 뿌릴 심산으로 농협에 가서 씨앗을 사려고 하자 팔지 않는다. 농업경영체 등록을 하지 않았기 때문이다. 농업경영체 등록하러 국립농산물품질관리원에 가서 문의하자 점입가경이다. 농지소재지 이웃 주민에게 농업경작 사실 확인서를 받아오란다. 새내기 간호사처럼 태움을 당하는 느낌이다. 하늘에 흘러가는 구름에 물으니 걸어가든 뛰어가든 종착역은 하나란다.

구름을 향해 두런거렸다. 어차피 시작한 일이라 그만둘 수 없다고, 귀동냥으로 육묘장을 찾아다니며 오이고추 상추 등 채소 모종을 일찍 사다가 심었다. 모종이 뿌리를 내리지 못하고 죽는다. 춘삼월 햇볕이 비닐하우스 속을 달군 탓도 있으나 내 불찰이 크다. 자주 찾아와서 물을 주어야 했는데 딴전을 핀 게 잘못이다. 포근한 구름이 봄바람 타고 와서 내 마음을 다독인다. 허허로운 마음을 달래며 다시 땅을 갈아엎고 모종을 사다가 심었다. 사월이 되자 구름이 비를 몰고 온다. 간간이 비가 내려서 대지가 촉촉하다. 비닐하우스 안에 습도가 맞아서인지 심어놓은 채소가 녹색 물감을 뿌려놓은 듯하다.

아침마다 구름카페에 문안 인사 간다. 하루가 다르게 쑥쑥 자라는 채소의 모습을 보고 싶어서다. 갈팡질팡하던 두 마음이 자리를 잡았다. 하늘에 흘러가는 구름을 보며 마음을 일으켜 세운다.

– 한국문학시대 2021-3 봄 제64호

메모 한 장

　전화벨 소리가 울린다. 택배회사 직원이다. 그는 구름카페(농원 이름) 주소로 물건이 왔는데 아무도 없다는 연락이다. 바로 그곳으로 가서 물건을 받았다. 강원도 사는 지인이 보내온 감자 세 상자다. 그는 젊은 날 고시원에서 함께 공부하던 이다. 지난 연말에 통화 끝에 요즘 뭘 하느냐고 묻기에 고통스럽게 백수로 지낸다고 답했다. 그 소리를 듣고 감자를 길러보라고 보낸 모양이다.

　추억을 거슬러 올라간다. 가슴속에서 수많은 꽃이 피고 질 때다. 그와 공부하고 위로하며 지내던 사이다. 그가 고시에 낙방하여 괴로워할 때, 그를 위로한답시고 낙원상가 골목에 끌고 가서 술잔을 기울였다. 그런데 바로 다음 날 그가 없어진 게다. 평소 내가 학원에 다녀오면 옆자리에서 구시렁대면서 법전을 뒤졌는데 책상을 깨끗하게 정리하고 떠났다. 책상 위에 '삶이 고통이다.'라는 메모 한 장 달랑 남아 있었다. 몹시 궁금했으나 알 길이 없다. 그의 연락처를 모르기 때문이다.

강산이 몇 번 바뀌었다. 그가 난데없이 찾아와서 놀랐다. 텔레비전을 보다가 내 모습이 보여서 반가웠다며 사무실로 온 게다. 이산가족 만난 것처럼 흥분되었다. 그와 밤새우며 지난날 이야기를 듣고 나서 궁금증이 풀렸다. 당시 그는 시국사건에 연루되어 수배 중으로 급히 피신해야 했던 상황이다.

"삶이 고통이라면 죽으면 해결되겠네."

그가 남긴 메모에 해석을 달아 물었다. 그는 아무 대답이 없다. 아마 미혹의 세계를 넘어선 듯하다. 고개를 한참 주억거리더니 아니란다. 고통에서 벗어나는 길은 매사 '감사' 뿐이라고 한마디 툭 던지더니 침묵이다. 그의 표정은 여유로워 보였다.

아침마다 구름카페로 향한다. 그가 보낸 감자를 심어야 하기 때문이다. 땅을 파고 씨감자의 눈을 하나씩 갈랐다. 그늘에서 며칠 지나자 감자 싹이 빼꼼히 나온다. 땅에 구멍을 파고 하나씩 묻었다. 비닐하우스 안이라 그런지 하루가 다르게 커간다. 순식간에 키가 허리춤에 와 닿았다. 감자꽃이 만발하여 꽃박람회를 방불케 한다. 사월의 비닐하우스 안은 대장간처럼 열기로 그득하다. 목에 땀수건을 두르고 물을 마셔가며 온종일 감자를 캤다. 포기마다 주먹만 한 감자가 네댓 개씩 매달려 나온다. 밭고랑에 누렇게 쌓인 감자를 보며 마음이 흐뭇했다.

못생긴 감자는 내 몫이다. 감자 크기에 따라서 '왕 특, 특, 대, 중, 소' 다섯 가지로 나누어서 상자에 담아 경매시장에 보냈다. 얼추 칠십여 상자다.

"사십칠만 육천 원입니다."

새벽에 농수산물 시장에서 경매한 가격을 알려왔다. 시장 사람들은 가성비만 따진다. 생산한 이의 품값은 안중에 없다. 상자 가격 상하 차비 운반비 구전 비까지 떼고 나니, 석 달 품값이 하루 강의 수당만도 못하다. 아무튼, 그에게 감사 인사를 전해야 했다. 고맙다는 말만 할걸, 나도 모르게 감자 농사는 가성비가 낮다고 투덜거렸다. 그는 아무런 대답을 하지 않았다.

며칠 후 그의 전화가 왔다. 살아가면서 가성비만 좋으면 뭐 하냐고 묻는다. 부자가 되고 명예를 얻으면 그것을 지키느라 삶이 고통이란다. 누구나 세 끼 먹으면 사는데 부질없는 욕심 때문에, 삶을 고통으로 키운다며 매사 감사한 마음으로 살라는 충고다. 감자 경매를 도와준 이는 물론 감자탕집 주인에게 이르기까지 감사한 마음을 가지란다. 갈릴리 성지에 갔다가 신부에게 들은 이야기와 오버랩된다. 성지 순례자들이 겨자 숲 그늘에 이르자 신부는 겨자 숲 그늘은 돈으로 환산할 수 없다며 감사기도를 올리자고 했다. 마치 그는 겨자 숲 아래서, 감사기도를 올리자던 신부의 모습과 닮아 보였다.

감자 농사는 감사 농사다. 감자는 하릴없는 내게 일거리를 만들어 주었다. 우울하던 마음이 평온해지고 고통스럽던 마음이 사라졌다. 그의 말대로 여럿이 나누어 먹는 모습을 상상하자 즐겁고 기쁘다는 생각이 든다. 곰곰이 생각하니 감사를 모르고 산 게다. 지금 살아 있음에 감사하고 지금 하는 일에 감사할 일이다.

세상사 가성비만 따질 일 아니다. 농사는 가성비가 낮으나 가심비가 높다. 마음의 심리적인 만족감을 채워서 주웠기 때문이다.

가을 씨감자를 구하러 길을 나선다.

- 수필울 동인지 2021 제2집

누명 쓴 경운기

고달픈 몸이다. 경운기는 황소처럼 일만 했을 텐데 흉악한 소문이 나돈다. 오가는 이들이 힐끔힐끔 바라보며 수군거린다. 그 정체는 알 수 없다. 밭떼기를 샀는데 전 주인이 알려주지 않았기 때문이다. 의심이 가는 건 있다. 먼저 주인이 사용하던 관리기, 건조기, 저온저장고 등 농기구는 모두 가져가고 경운기만 남겨 놓았다.

"이 경운기가 사람 죽였죠?"

오늘도 지나가는 이가 물어온다. 경운기로 비닐하우스 안의 땅을 갈려던 참이다. 덮개를 벗기고 자욱하게 쌓여있던 먼지를 닦고 시동을 걸자 소리가 이상하게 들린다. '아니 땐 굴뚝에 연기 날까.'라고 하는 속담이 떠오르며 불길한 예감이 들었다. 비닐하우스 안으로 몰고 들어가려던 경운기를 다시 농막 옆에 갖다가 놓았다.

　기계가 하던 일을 사람이 하자니 부지하세월이다. 축구장 반만 한 땅덩어리다. 며칠째 삽질을 해도 티가 나지 않는다. 경운기로 갈면 한나절이면 될 일이다. 마음속에서 두 마음이 싸운다. 하나는 경운기로 갈아엎자고 하고, 다른 한쪽은 자칫 잘못하면 경운기에 죽을 수 있다며 반대. 아무리 힘이 들어도 죽는 것보다 나을 거라는 심경으로 삽질을 해댔다. 섭씨 사십 도가 넘어가는 비닐하우스 안에서 땅을 파기란 고역이다. 거울에 비친 얼굴은 염전에 잘 마른 소금처럼 하얗다. 초보 농부라서 그런지 온몸이 두들겨 맞은 듯 아프다.

　정말 경운기가 사람을 죽였을까. 몹시 궁금하여 생각 끝에 경로당을 찾았다. 때마침 노인회장이 있기에 물었다. 구순 정도 되어 보였다. 아주 오래전 일이란다. 마을 대동계 하던 날, 죽은 이가 술을 거나하게 마시고 혼자서 땅을 갈아엎다가 변을 당했다고 한다. 술기운에 땅을 갈다가 귀퉁이에 있는 철제 파이프와 경운기 사이에 끼여서 숨진 게다. 해 질 녘 그의 아내가 남편 시신을 발견하고 경운기에 끼여서 죽였다고 한 말이 와전되어 경운기가 죽인 것으로 소문이 나돈 것이다.

이래서 삼인성호라는 말이 만들어 진가 보다. 근거 없는 말이라도 여러 사람이 말하면 곧이듣게 된다. 술이 화근이다. 경운기가 사람을 죽인 게 아니다. 경운기는 한마디 변명도 못 한 채 담타기쓰고 농막 옆에 쭈그리고 있다. 그 모습이 초라하다 못해 비루하다. 천부당만부당 한 일이다. 경운기는 주인이 시키는 대로 땅을 갈아엎고 고르고 이랑을 냈을 뿐인데.

누명 쓴 경운기를 보면서 상념에 젖는다. 한때 직장에서 거짓 누명으로 가슴앓이했다. 직장은 계급이 깡패다. 늘공(직업 공무원)과 어공(선출직 공무원)이 가끔 부딪는다. 어공은 당선시켜 준 지지자의 눈치를 보느라 무리하게 요구하는 경우가 더러 있다. 어쨌든 모든 일은 법과 원칙에 맞아야 한다. 일부 어공은 수단과 방법을 가리지 않고 생색을 내려고 해서 갈등을 빚었다. 때로는 어공이 어질러 놓은 쓰레기를 늘공이 치우느라 갖은 수모를 겪었다. 아무 말 없이 경운기처럼 일만 했을 뿐인데, 난데없는 감사를 받으며 확인서와 경위서를 쓰고, 때로는 징계를 받는다. 어공과 갈등을 빚고 나면 듣지도 보지도 못한 뜬소문이 나돈다. '성격이 날카롭다. 승진하려고 부하직원을 혹사한다.' 등 거짓 누명을 뒤집어씌운다. 귀를 쫑긋 세우고 들어보면 어공 가까이에서 흘렸다. 듣고도 못 들은 척, 알고도 모르는 척 지냈다.

"국장님, 근거 없는 뜬소문이 나돌아요."
"제 부덕의 소치입니다."

한마디뿐이다. 지인은 생각해 주는 척하나 두렵다. 자칫, 오해를 불러올지 몰라서 내 탓으로 돌렸다. 세상사 거짓이 진실의 탈을 쓰고 돌아다니는 게 한둘인가. 가짜뉴스처럼 거짓은 소구력이 있어서 발 없이 세상을 누빈다. 마침내 거짓은 짙은 어둠처럼 진실의 형상을 알아볼 수 없게 만들어 놓는다.

하나, 걱정할 일 아니다. 시간이 필요할 뿐이다. 시간이 흐르면 진실은 밝혀진다. 귀와 눈, 그리고 입이 올바른 이가 많다. 거짓은 어둠이 가시고 날이 밝으면 설 자리가 없다. 천하가 선명하게 드러나기 때문이다. 진실은 마치 흙탕물 속에서 연꽃처럼 피어난다. 누명으로 가슴앓이했으나 미안했다고 위로하는 이가 여럿이다. 인생은 마라톤처럼 끝까지 완주해 보아야 알 일이다. 우리가 살아가면서 괴로웠다면 경험이고 즐거웠다면 추억으로 웃어넘기면 되지 않을까.

채소를 심을 때가 왔다. 땅을 갈아엎어야 한다. 경운기 시동을 걸자 누명을 벗어서인지 부드럽게 소리가 난다.

퉁 퉁 퉁 퉁…

토양
검사

초보 농부라 아는 게 없다. 주위에서 권하는 대로 육묘장에서 모종을 사다가 심었다. 오이고추 토마토 등 열댓 가지나 된다. 그런데 채소는 뿌리를 내리지 못하고 시간이 지날수록 패잔병처럼 비실거린다. 게다가 잎은 벌레가 갉아 먹어서 앙상한 줄기만 남고, 가지에는 진딧물이 눈곱처럼 끼어서 보기가 흉하다. 오이는 무슨 심사가 불편한지 나오다 말고 배배 꼬였다.

지인이 찾아와서 한마디다. 농사는 아무나 짓는 게 아니라며, 농사꾼에게 농사를 짓게 하란다. 이웃에서 사는 이까지 거든다. 비닐하우스 한 동에 여러 종류의 채소를 심지 말란다. 이거저거 심으면 수분이나 온도 맞추기가 어렵다는 게다. 전주인은 상추 한 가지만 길렀는데 잔뜩 심어놓았다고 지청구다.

마음이 늙지 않아서 서운하다. 아직 가슴속에 피고 지는 꽃이 많다. 여기저기 다니며 강의하고 방송 모니터하며 바쁘게 지냈다. 나이를 먹어도 마음은 여전히 청춘이나 어깨가 결리고 허리가 아프고 무릎이 시리다. 이제 외부 활동을 접어야 한다. 그렇다고 경로당에 가서 심부름할 작정도 아니고 집에만 붙어있을 수도 없는 노릇이다. 무언가 꼼지락거려야 한다. 궁여지책으로 시작한 농사다.

때마침 농업 연구기관에 근무하는 지인이 찾아왔다. 그는 여러 곳에 농작물 시범 포를 두고, 지역 적응 시험이나 토양 반응검사를 하는 이다. 비닐하우스 안에 작물을 살펴보더니 대뜸 토양에 문제가 있다는 게다. 푸석푸석한 겉흙을 걷어내고 시료를 채취하더니 나무망치로 곱게 빻는다. 그리고 차에 싣고 다니는 장비를 주섬주섬 내리더니 시료를 시험 장비에 넣고 살핀다. 토양이 오래되면 나타나는 현상이라며 흙이 매너리즘에 빠졌다는 것이다. 땅이 오래되어서 매너리즘에 빠졌다고 점토로 바꾸어주라고 한다.

토양검사 결과 매너리즘에 빠졌다는 말을 듣자, 문득 송사에 시달렸던 기억이 난다. 인사 부서에서 한 부서에 오래 근무한 직원을 교체하라고 권했으나 오랜 시간 함께 근무한 정 때문에 보내기 싫었다.

"담당자가 매너리즘에 빠졌어요."

나른한 오후다. 낯선 민원인이 찾아와서 항의다. 무슨 영문인지 몰랐다. 그는 담당자가 법령이 바뀐 것도 모른다며 매너리즘에 빠졌다고 흥분이다. 따듯한 차를 한잔 건네며 그의 마음을 달랬다. 담당자를 불러서 자초지종을 들어 보니 가관이다. 민원서류가 담당자 캐비닛 속에서 잠자고 있다. 법규가 바뀌어서 여러 관련 부서에서 검토받아야 하는 복합 민원인데 무사태평이다. 조속히 처리하라고 당부하자 놀라운 답변이다. 옛날부터 법정시한을 지켜서 처리해 왔다고 고집이다. 여러 건 속 썩이더니 결국, 민원 처리 지연으로 고발당했다. 오랜 송사 끝에 행정 지연으로 피해 본 금전을 민원인에게 보상했다. 끝이 아니다. 언론에 보도되어서 부끄러웠다.

땅을 객토해야 했다. 인근 아파트 공사장 터파기한 흙을 받았다. 공사장 대형 덤프트럭이 한나절 들락거리자, 길섶에 생 흙더미가 쌓였다. 흙을 비닐하우스 안으로 나르려니 막막하다. 노지 같으면 기계를 불러서 펼 수 있을 텐데 비닐하우스 안이라 일일이 삽으로 파서 손수레로 옮겨야 했다. 며칠 퍼 날랐건만 티가 나지 않는다. 온종일 일하고 나면 저녁에는 두들겨 맞은 것처럼 아프다. 침을 맞고 뜸을 뜨며 겨우 내내 조금씩 흙을 퍼 날랐다.

묘한 일이다. 비닐하우스 안에서 생기가 돌고 흙에서 윤기가 흐른다. 육묘장에서 모종을 사다 심었다. 채소가 봄볕을 마주하며 춤춘다. 지난해 패잔병처럼 비실거리던 채소가 자리 잡고 포효다. 비닐하우스 안은 녹색 물감을 뿌려서 놓은 듯하다. 청상추가 솟아오르고 고추가 촘촘히 매달렸다. 이뿐인가. 배배 꼬였던 오이도 쭉쭉 자란다.

삶도 객토하듯 변화가 필요하다. 뭐든지 오래 두면 매너리즘에 빠진다. 한번 타성에 젖으면 새로운 변화를 두려워하고 거부하려는 속성이 나타난다. 그래서 오래 묵은 관습이나 방법을 바꾸는 게 어렵다.

아침에 일어나면 채소가 얼마나 자랐는지 궁금하다.

– 한국문학시대 2022-6 여름 제69호

자전거 **옆**에서

봄기운이 감돈다. 따듯한 봄볕이 이방 저방 휘젓는다. 마음이 고무풍선처럼 부풀어 올라서 집을 나선다. 철모르는 삭풍이 수런거리나, 남쪽에서 불어오는 훈풍이 삭풍을 몰아내고 있다. 겨우내 춥다고 타고 다녔던 승용차를 세워놓고 오랜만에 자전거를 타고 구름카페(농원 이름)에 가볼 심산이다.

   자전거 옆에서 바라본다. 자전거는 꿔다 놓은 보릿자루처럼 눈길 한번 주지 않았다. 앞바퀴를 살며시 만져보니 바람이 쑥 빠졌다. 뒷바퀴도 그렇다. 어두운 밤길을 밝히는 전구가 깨어지고 뒤를 보는 후사경은 없다. 중범죄를 저지른 죄수인 양 쇠사슬로 온몸이 꽁꽁 묶였다. 어떻게 할지 난감해하는 상황에 아내는 농원에 가자고 서두른다. 지하 주차장으로 내려가서 자동차 시동을 걸자 뒤통수가 뜨끈하다. 환청인지 모른다. '이제 우리의 인연은 여기까지다.'라고 하며 자전거가 결별 선언하는 것 같다.

순간 정신이 번쩍 들었다. 자동차 키를 아내에게 건네고 자전거 옆으로 다시 다가왔다. 승용차는 때가 되면 휘발유를 넣고 엔진오일을 간다. 이뿐인가. 블랙박스를 설치하여 누가 손대지 못하도록 감시까지 하게 했다. 자전거는 자동차보다 인연이 오래되었다. 자전거를 수리하여 타고 갈 생각으로 묶어놓았던 쇠사슬이 풀려고 하나 비밀번호가 기억나지 않는다. 한나절 실랑이하다가 결국은 풀지 못한 채 자전거포로 끌고 갔다. 자전거포 주인이 고개를 갸웃거린다. 오래된 자물쇠는 풀기가 어렵다며 새 자전거를 사라고 권한다. 그럴 수는 없다며 수리해달라고 간절히 부탁했다.

자전거는 나와 삶의 궤적을 같이했다. 학창 시절부터 손때가 묻었다. 먼 거리를 걸어서 통학하느라 다리가 아팠다. 몹시 자전거를 타고 싶어서 세뱃돈이나 용돈을 아껴서 산 자전거다. 처음 자전거를 마주했을 때 세상 부러운 게 없었다. 기쁜 마음에 온몸의 세포들이 제각기 일어나 춤추었다. 자전거를 타고 학교에서 다녀오면 자전거를 닦고 기름 치며 애지중지했다. 그때는 자전거가 나의 전 재산이었다.

언제부터인가 자전거와 소원해졌다. 아마 편리한 승용차 유혹 때문일 거다. 그러나 자전거와 인연은 끈끈하게 이어왔다. 자전거는 학창 시절 비포장 길을 통학을 시켰고 봄날 천변 길을 달리며 물오리와 놀고 가을 갈대밭 사잇길을 지나며 바람과 속삭이곤 했다. 그뿐인가. 친구들과 자전거 경주하다가 하수구에 처박혀서 병원 신세 진 기억은 영원히 잊지 못할 것 같다. 나를 태워다준 자전거, 나와 같이 놀던 자전거, 나와 생사를 같이했던 자전거 인연 때문에 참으로 잊을 수 없다.

자전거와의 인연이 이럴진대 사람의 인연은 오죽하랴. 사람의 인연은 살아있는 한 존재한다. 사람과 사람 사이에 만남과 헤어짐은 연속이다. 우리는 이것을 인연이라고 부른다. 인연이 끝나는 때는 언제일까. 가장 완벽한 이별은 죽음이다. 죽음 앞에서는 모든 게 속수무책이다. 그간 인연으로 물든 시간의 흔적이 파노라마처럼 펼쳐진다. 고마운 인연도 있고, 불편한 인연도 있다. 그중에서 고마운 인연만 기억하고 살아왔다.

그간 고마웠던 얼굴들이 주마등처럼 스친다. 고등학교 시절 월사금을 대신 내준 키가 헌칠한 K선생님, 시험에 낙방한 내게 힘내라고 목로주점에서 술잔을 따라주던 J학우, 낯선 직장에 입사했을 때 살집을 알아 봐주고 일을 자세히 가르쳐주던 C선배, 박사 논문

쓸 때 열 일 제쳐놓고 도와주던 L박사 등 손으로 꼽으면 이루 헤아릴 수 없다. 하나 내 삶이 고단하다는 핑계로 잊고 지냈다. 그들과 조금 더 살갑게 지냈더라면 하는 아쉬움이 크다. 후회는 아무리 빨라도 늦은 법이다.

하루해가 사위어 간다. 환영인지 모른다. 고마웠던 이들의 얼굴이 아른거린다. 지금은 어디에서 무얼 하는지 궁금하다. 붉게 물든 노을과 새털구름 사이로 굴러가는 자전거에 몸을 싣고 그들 앞으로 달려가고 싶다.

— 수필과비평작가회의 2022 제28호

영농 일기

    오이, 고추, 상추 등 모종을 심었다. 육묘장에서 사 올 때 충분하다고 한 모종이 부족하다. 비닐하우스 한쪽 귀퉁이가 남았다. 촘촘히 심은 모양이다. 모종을 더 사다가 심으려다가 냉장고에 넣어 두었던 씨앗을 뿌렸다. 씨앗은 해를 넘기면 발아율이 떨어진다고 하여서 남기지 않았다. 물을 듬뿍 주어서인지 며칠 만에 배추, 열무 등 채소가 소복이 올라왔다. 눈을 뜨자마자 구름카페(농원 이름)로 달려가서 밤새 얼마나 자랐는지 살피는 게 새로운 일과가 되었다. 하루가 다르게 쑥쑥 자라는 모습이 크는 아이를 보는 듯 재미가 쏠쏠하다.

    농사랑 카페에 빼곡히 자란 채소의 모습을 사진에 담아서 올렸다.

"빨리 솎아주세요."

회원들의 반응이 의외다. 아무리 훑어보아도 잘 길렀다고 칭찬하는 이 아무도 없다. 빨리 솎아내라는 글이 도배다. 잘 자란 채소를 뽑아내려고 하니 욕심이 생긴다. '그냥 기르고 싶네요.' 한 줄달았다. 바로 아래 과수원을 한다는 이의 긴 글이 올라왔다. 이십여 년 가까이 복숭아 농사를 지었다는 농부가 첫해 시작하면서 낭패를 본 이야기다. 영농교육에서 복숭아를 크고 좋게 키우려면 가지당 한두 개만 남겨놓고 솎아내라고 했단다. 그런데 매달린 복숭아가 하나같이 예쁘고 튼실해 보여서 그대로 남겨두었다가, 그해 복숭아 농사를 완전히 망쳤다고 한다. 그는 채소든 과일이든 솎아내는 것은 같은 이치라고 적어놓았다.

초보 농부라 아는 게 없다. 욕심에 찬 무지가 가득하다. 솎는다는 것은 빽빽한 싹 중에서 크게 자랄 것만 빼고 솎아내는 일이다. 당장 좋아 보인다고 남겨놓았다간 이것도 저것도 먹지 못하는 꼴이 될 거다. 과감하게 솎아내야 크고 좋은 열매를 얻는다.

할 일을 정리해 놓은 메모장을 꺼내 보았다. 빼곡히 적어놓은 걸 보자 머리가 지근거린다. 박사 논문 마무리, 대학이나 교육기관에서 들어온 강의 요청, 일간지나 문학 잡지사의 원고 청탁, 자산

관리사로서 부동산 컨설팅, 옛날 살던 노후 된 집의 재건축, 상가 임차인의 관리비 처리, 선영 산소의 분묘기지권 정리 등 할 일이 부지기수다.

게다가 욕심까지 부린다. 방송 모니터까지 도전했다. 진행자가 정치 색깔을 드러내서 마음이 불편해서다. 어렵사리 방송 모니터로 합격하여 활동을 시작하자 꼼짝할 수가 없다. 진행자가 하는 말을 처음부터 끝까지 하나도 놓치지 말아야 하기 때문이다. 때로는 녹음하여 다시 들어가며 보고서를 만든다. 선곡이 잘못되었는지, 정치 편향된 진행은 없는지, 출연자 섭외가 적절한지, 방송언어 사용이 적합한지 따지느라 일거리가 만만치 않다.

그 와중에 박사 논문을 마무리하고 싶었다. 틈틈이 국회도서관이나 대학도서관을 오가며 문헌 조사를 하고 지방의회의 조례 발의와 심의 의결 과정을 샅샅이 뒤졌다. 연구자료를 통계분석 하느라 전문가를 찾아가서 도움까지 받았다. 하나 논문을 심사하는 이들은 분석의 틀을 뒤흔든다. 독립변수와 종속변수의 상관관계와 인과관계가 명쾌하지 않다고 보완요구다.

오늘, 강의하다가 졸았다. 지난밤 강의자료를 준비하느라 밤새워서다. 마음은 청춘이나 몸은 거털 난듯하다. 강의 후 평가는 냉정했다. 집안 대소사도 내 몫이다. 예전 같으면 바쁘다는 핑계로 아내만 가도 이해했지만, 지금은 퇴직한지라 본가든 처가든 직접 가지 않으면 후사가 두렵다. 이뿐인가. 전 직장 동료들이 만나자고 부른다. 골프 모임, 부단체장 모임, 연수원 교육 동기 모임 등 여남은 개 되는 모임에서 호출이다. 육신을 무리하게 사용하여서 여기저기가 너덜거린다. 어디에 가나 앉기만 하면 나도 모르게 꾸벅꾸벅 조는 내 모습이 비루해 보인다. 지인은 머지않아서 산에 둥지를 틀 나인데 모두 솎아내고 편안히 지내라고 충고다

오지랖이 넓은 탓이 크다. 이제 몸이 버텨낼 재간이 없다. 이럴 거면 모두 그만두라고 자신을 향하여 투덜댄다. 과감하게 솎아내야 크고 좋은 열매를 맛볼 수 있듯 긴급한 일과 중요한 일을 따져서 정리해야 할 텐데 멍하니 서 있다. 포기는 동시에 선택이다. 남은 인생 즐거운 시간으로 채우기 위하여 내가 포기할 수 있는 게 무엇인지 곰곰이 생각해 본다. 지금처럼 이것도 하고, 저것도 하며 욕심만 부리면 결국, 이도 저도 아닌 후회만 남을 것이다. 이제 삶을 어지럽히는 빼곡한 일들을 솎아내고 여유롭게 살고 싶다.

구름카페로 향한다. 비닐하우스 안에 잘 자란 아까운 채소를 솎는다. 절반 이상 솎아내자 촘촘했던 포기 사이가 틈이 생겨서 여유롭다.

— 수필과 비평 2024-09 제275호

김삼순 씨

엄마! 저는 기억하고 있어요.

제가 잠잘 때 곁에 안 계셨어요.

제가 일어날 때도 곁에 안 계셨지요.

층층시하 대식구를 챙기느라 편히 누우신 모습 보지 못하고 항상 종종걸음치시며 애달픈 나날을 보내셨습니다.

엄마. 마음을 헤아리지 못하고 있는 사이에 엄마는 떠나셔야만 했나요.

무엇이 그리 급하였는지. 대답 좀 해주세요.

효도 한번 하지 못하고 엄마를 보내드리게 되어서 죄송합니다.

엄마의 소원대로 형제들 간에 서로 돕고 아끼고 사랑하며 그리고 아버지 잘 모시겠습니다.

엄마. 저희 곁에서 편안히 지켜봐 주시고 보살펴 주세요.

엄마, 미안합니다.

엄마, 사랑합니다.

이제 편히 쉬세요.

― 2024년 7월 29일 딸 삼가 올림

    삼순 씨 성복제 추모사다. 헤어짐은 또 다른 만남의 약속이다. 상주는 영정을 바라보며 슬픔의 바다에 빠져서 하염없이 눈물을 보인다. 이어서 그들은 조문받느라 경황이 없다. 조문객들이 몰려와서 마음 놓고 울지도 슬퍼하지도 못한다. 삼순 씨는 오 남매를 두었다. 자녀의 지인이 찾아와서 북적거리니 외롭지 않으리다. 사흘이란 묵직한 시간이 흘렀다. 이제 헤어질 시간이다. 까만 리무진 앞 좌석에 듬직한 장손자가 영정을 들고 앉았다. 상주는 커다란 버스에 올라서 눈물을 연신 훔친다. 생전에 효도 한번 제대로 못 한 채 헤어지자니 후회막급한 게다.

    삼순 씨를 얼마 전 뵈었다. 구순 축하 자리다. 아들딸 며느리 사위 손주 증손주가 다 모였다. 그 자리에서 다음 백수 잔치할 곳을 약속했는데 이상한 일이다. 저승사자가 착오를 일으켰는지 모른다. 그녀의 남편에게 물었다. 저녁을 함께하고 후식으로 복숭아를 깎아서 한 쪽씩 나누어 먹고 평소와 다름없이 잠들었단다. 그녀는 안방으로 들어가서, 그는 거실에서 잠이 든 것이다. 이른 아침에 안방에서 텔레비전 소리가 나서 그는 안심하고 논에 나간 게다. 일을 마치고 조반을 먹으려고 왔다가 기겁했다. 그녀가 숨을 쉬지 못해서다. 가까이 사는 자식이 효자다. 바로 구조구급대를 불러서 심폐소생술을 하고 여의치 않자, 경찰을 불러서 사체검안을 받아서 장례식장으로 옮긴 것이다. 생과 사는 떨어져 있는 게 아니다.

그녀가 세상에 오던 때를 거슬러 올라가 본다. 일제강점기에 신사참배를 강요하고 쌀과 온갖 곡식을 수탈해 가던 시기다. 너른 평야가 보이는 원적산 자락 광산김씨 가문에서 태어났다. 봄날 풋풋했던 시절은 수탈당하는 역사 속에서 견디어 내야 하는 고단한 삶이다. 더욱 임금에게 진상하던 쌀 고장이라서 알곡은 모두 빼앗기고 쭉정이만 가지고 연명했다. 해방 후 어수선한 세상마저 순조롭지 않은 시간이다.

그녀의 봄은 마파람에 게눈감추듯 했다. 수줍은 얼굴로 한 살 연하의 청년을 만난 게다. 실개천을 사이에 두고 사는 강릉최씨다. 양가의 지인 소개로 만났으니 스스로 움츠리고 뛸 틈이 없다. 결혼은 선택할 수 없는 운명을 만들었다. 그길로 층층시하의 대가족과 마주한다. 시할아버지 시아버지 모시고 삼 형제의 맏며느리라는 무거운 짐을 걸머졌다. 마치 큰 톱니바퀴에 작은 톱니가 끼어든 셈이다.

그녀는 격동의 시대에 태어났고 고생의 늪에서 헤어날 수 없었다. 시아버지 지인들은 주야장천 몰려들었다. 시골이라 농사짓고 나면 겨우내 할 일이 없어서 놀러 오는 것이다. 조석으로 음식을 대접하느라 새우잠을 자곤 했다. 딸아이도 한몫했다. 댓돌에 놓인 신발짝을 세어서 그녀에게 알려주는 일이었다. 이보다 가슴 아픈 일은 분노에 찬 남정네의 애꿎은 화풀이 대상이 아내가 되었던 시대를 살았다. 지나온 시간 속에 설움은 가슴에 박제되었으리다.

그녀의 고생은 끝이 없다. 자식 때문이다. 걱정 눈물 한숨 보따리다. 시집이나 장가보내면 한시름 덜 줄 알았으나 착각이다. 뙤약볕을 머리에 이고, 힘겨운 농사일을 버티어 냈다. 쌀 콩 참깨 고춧가루 등을 나누어주고 무 배추를 심어서 김장을 해주느라 고단한 삶을 살아냈다. 큰 며느리가 한마디 거든다. 촛불처럼 당신의 몸을 태워 가며 무던히 자식을 챙기던 모습이 아련하다며 눈시울 붉힌다. 이제 큰 톱니바퀴에서 빠져나왔다. 그녀에게 극락왕생의 길이 열렸는지 모르는 일이다.

삼순 씨와 함께 한날이 화양연화였다. 오직 자신에게만 부대끼며 살 수밖에 없었던 아픈 삶을 안아 주고 싶다. 산자가 왜 떠나야만 했냐고 묻는 게 욕심이다. 그녀는 우리가 알지 못하는 생판 다른 사정이 있었을 것이다.

　죽음은 영혼의 진화를 위하여 잠시 멈출 뿐이다. 길기만 한 인생도 돌아보면 한 장의 종이 안에 채우지 못하는 시간이다. 구순 잔치 날 내가 본 장모님의 마지막 모습을 영원히 잊지 못한다.

아내의 소중함을 깨우쳐준
호미 이야기
― 수필가가 감동한 이 한 편의 수필

호미 / 강돈묵

　체신이 강건한 것도 아니다. 농기구 중에서 가장 왜소하고, 인물로 따지면 꾀죄죄한 것이 어디 내놓고 자랑할 만한 게 없다. 성품마저 온순하니 창고 속에 있을 때는 있는 줄 모르게 구석에 처박힌다. 남들이 자리 다 차지한 뒤 겨우 궁둥이 붙일 곳을 찾아 숨어든다. 욕심이란 말도 모르고 그냥 차분할 뿐이다. 옆 친구의 큰 키를 바라보지 않고, 자신에게 주어진 능력에 만족하며 더 이상의 중책을 꿈꾸지 않는다. 허접스러운 일만이 자신의 몫이라 해서 투덜거리거나 원망하는 법도 없다. 자신이 가지고 있는 능력이 아주 미천하다는 것을 알기에 늘 자족하며 살아간다.

그는 대장장이의 뜨거운 담금질 속에서 태어났다. 용암처럼 이글거리는 화덕 속에서 견딜 때는 왜 그리 뜨겁던지. 풀무가 숨을 내쉴 때마다 치솟던 열기에 가슴 속 정열은 다 타버렸다. 모루 위로 끌려나와 끝없는 메질도 당하였다. 이리저리 돌려가며 숱하게 얻어맞다 실신하면 찬물 속에 집어던져 깨우는 물고문도 받았다. 이와 같이 갖은 고통을 감내했으니 어디 제 성미가 남아 있겠는가. 겨우 남은 성깔은 슴베로 감추고 자루 속으로 밀어 넣었다. 오늘도 죽은 듯이 입 다물고 사는 데는 그만의 아픔이 있기 때문이다.

호미는 희원하는 바도 없다. 진즉 포기하고 땅만을 바라보며 일만 한다. 그것이 모루 위에서 얻어터지며 터득한 세상살이의 지혜다. 굳이 낯을 낼 수 있는 일이라 하여 넘보는 경우도 없다. 허접스럽더라도 일만 있으면 그게 자신의 복이려니 여긴다. 세상에 대한 욕심을 잊는 방법으로 늘 손에 일을 달고 산다.

옆의 친구들이 시원하게 큰일을 한다 하여 속상해 할 일이 아니다. 자신은 한 줌의 흙을 움직이기 위해 몇 번을 꼼지락 거리더라도 삽과 곡괭이의 능력을 시기하는 법이 없다. 그것은 그들이 가진 복이고, 자신이 가진 복은 오로지 작은 것뿐임을 잘 안다. 다른 친구들처럼 뻗댈 줄도 모른다. 그래서 그는 한 번도 허리를 세워 서 본 적이 없다. 늘 낮은 자세로 차분히 세상과 마주한다.

그의 이런 태도는 주위에 이미 알려진 바라서 누구든 그와 정담이라도 나누려면 앉아야 한다. 키가 큰 친구가 왔다 하여 일어서는 법이 없다. 또 앉으라고 강요하지 않는다. 그의 성품을 알기에 같이 낮은 자세로 무릎을 꿇고 앉게 한다. 아무리 나대던 사람이라 해도 그의 곁에 오면 온순해지고 차분하게 변하지 않을 수 없다. 역마살이 낀 친구라 해도 그를 만난 뒤로는 궁둥이를 땅에 붙이고 만다. 투정부림이 없이 차분히 앉아 잔일부터 시작한다. 옆에서 그를 바라보면서 진정한 행복이 무엇인지 가늠하게 한다. 자그마해도 큰 행복이 됨을 그는 익히 알기에 몸으로 실천하고 있다.

세상 사람들은 그의 지혜로움을 알기에 지구상의 모든 농기구 중에서 가장 훌륭하다고 꼽는다. 풀을 뽑을 때나 깊이

박힌 돌을 제킬 때에도 요긴하다. 비록 작아도 치워야 할 것들을 만나면 어디에서 그런 힘이 솟는지…. 남다른 재주가 있다. 이 큰 세상을 움직일 수 있는 지렛대를 활용한다. 호미는 자신이 놓인 처지를 받침목으로 하여 세상을 들어올린다.

이처럼 주변의 궂은일들을 도맡아 하니 제 몸이 온전할 수 있겠는가. 세상을 다 내려놓았다 하여 욕망까지 송두리째 없는 것은 아니다. 의지로 자루 속에 꽁꽁 묶어서 박아 놓은 것이다. 허구한 날 참다보니 속에서는 불이 난다. 아무리 습베에 녹이 슬어도 뾰족함은 남아 있다. 늘 인내하려 노력하지만, 지나치면 덮고 있던 자루도 제키고 주위를 놀라게 한다.

아내는 오늘도 호미를 들고 밭으로 나간다. 나야 삽이나 곡괭이를 들고 골을 치고 두둑을 만들고 작물을 심지만, 아내는 언제나 제초는 자기 몫이라며 퍼질러 앉아 호미를 놓지 않는다. 잡초를 뽑아본 사람은 알 것이다. 쪼그리고 앉아 하는 작업이 성과는 없이 얼마나 힘든 일인지. 오금팽이가 저려오고, 심하면 등때기가 말린다. 제발 그만 두라 해도 뿌리치며 괜찮다만 되뇐다. 한 수 더 떠 잡초를 뽑으면서 결실의 열매를 헤아리는 아내. 양에 따라 나누어줄 곳이 늘어난다. 아들네, 딸네, 시누이네, 시동생네, 교우집, 이웃집…. 내 손으로 가꾼 채소를 자식들은 물론 형제들과 이웃들에게 나누어 주겠다는 일념은 아무리 호미를 빼앗으려 해도 가당치 않은 일이다.

무릎관절은 진즉에 탈이 났지만, 수술 기회를 최대한 늦추는 게 좋다는 정보를 철저히 신봉하며 호미를 쥐고 있다. 수술은 늦추더라도 심한 일은 삼가야 했는데 전혀 아니다. 집안의 대소사가 자신 없이는 안 되는 듯이 앞서나간다. 결국 두 해 전에는 난데없이 회전근개가 파열되고 말았다. 어쩔 수 없이 어깨 수술을 먼저 하고, 다음 해엔 무릎 관절 수술을 하였다. 두 번에 걸친 수술은 지난하고 힘든 것이었으나 번번이 아내는 병상에서 빨리 일어섰다.

오늘도 아내는 호미를 들고 밭으로 나선다. 자신의 몸을 돌보지 않고 밭에 쭈그리고 앉아 있다. 피곤하여 누워 있다가도 몸이 땅속으로 가라앉는 것 같다며 호미를 잡는 여자. 그게 아내다. 아프다 내색 한 번 없이 밭으로 나서지만 저녁마다 잠꼬대처럼 신음하는 아내를 지켜본 사람은 안다. 몸이 감당할 수 없는 일욕심이라는 것을. 그러나 그 욕심이 그녀에겐 행복이란 것을 알기에 차마 더 이상 막지를 못한다.

아내와 호미는 언제나 한 몸이다. 아내가 그토록 호미를 손에서 놓지 못하는 것은 동병상련 같은 것은 아닐까. 모루 위에서 두들겨 맞으며 태어나 일만 하며 살아가는 호미나 천덕꾸러기처럼 홀로 크고, 모든 일을 자기 손으로 갈무리하던 여자. 인고의 세월이 이 둘을 꽁꽁 묶어놓은 것은 아닐까. 거기에 가족에 대한 끝없는 사랑이 한 스푼 얹어진 것일 테지.

비를 피해 헛간 시렁에 몸을 걸치고 있는 호미를 바라본다. 단 한 번도 내보이지 않은 불만과 욕심을 슴베에 끼워 숨긴 체 조용하기만 하다. 저렇게 다소곳이 있어도 밖에서 일만 있다 하면 맨 먼저 뛰쳐나올 호미. 그 호미가 오늘따라 애처롭게 내 시선을 잡는다. 몸이 부서지는 한이 있어도, 이것이 자신이 갈 길이고 마땅히 해야 할 일이라 굳게 믿고 있는 호미.

누군가 호밋자루를 쥐고 웃고 있다.

· ·

현직에서 수많은 사람과 어울려 지냈다. 여러 사람과 마주하느라 가족을 잊고 산 것 같다. 이제는 눈앞에 아른거리는 이들은 사라지고 아무도 없다. 처음에는 낯선 세상에 나 홀로 내동댕이쳐진 기분이었다. 가보지 않은 길을 가려니 생경하다. 더욱 난데없는 역병으로 어디 가나 빗장이 걸려있어 난감했다. 갈 곳 없어 서재에 앉아 책을 뒤적이다가 무릎을 '탁' 쳤다. 강돈묵 작가의 〈호미〉를 읽으며 잊고 지냈던 반쪽을 찾았다.

체신이 강건한 것도 아니다. 농기구 중에서 가장 왜소하고, 인물로 따지면 꾀죄죄한 것이 어디 내놓고 자랑할 만한 게 없다. 성품마저 온순하니 창고 속에 있을 때는 있는 줄 모르게 구석에 처박힌다. 남들이 자리 다 차지한 뒤 겨우 궁둥이 붙일 곳을 찾아 숨어든다. 욕심이란 말도 모르고 그냥 차분할 뿐이다. 옆 친구의 큰 키를 바라보지 않고, 자신에게 주어진 능력에 만족하며 더 이상의 중책을 꿈꾸지 않는다. 허접스러운 일만이 자신의 몫이라 해서 투덜거리거나 원망하는 법도 없다. 자신이 가지고 있는 능력이 아주 미천하다는 것을 알기에 늘 자족하며 살아간다.

글의 도입부를 읽으며 아내가 연상되어서이다. 어렵사리 결혼하여 삼십여 년의 세월이 흘렀다. 꿈같던 신혼 시절이 아련하다. 가족이 생기면서 어깨의 짐이 무거워 그녀의 생일이나, 결혼기념일을 챙기는 것이 사치스럽게 느껴졌다. 지난 사진첩을 뒤적여보니 초라하기 그지없다. 부부의 인연을 맺고 수많은 날을 아내와 떨어져서 살았다. 공직을 시작하며 골방에서 라면을 끓여 먹으며 홀로 지냈다. 형편이 조금 나아지면서 하숙집이나 다가구, 오피스텔로 전전하다가 끝날 무렵 운 좋게 널찍한 관사도 살아 보았다. 그래서인지 혼자 빨래하고 밥 끓여 먹는 게 자연스럽다.

현직에서 퇴직하니 모두가 낯설다. 가끔 들락거리던 집이 남의 집처럼 느껴진다. 아내의 얼굴 한번 제대로 보지 못하고 지냈다. 칩거하면서 그녀의 얼굴을 들여다보니 딴 사람처럼 느껴졌다. 팽팽하던 얼굴이 어디 가고 노을빛이 어른거린다. 그녀와 마주하기가 당황스럽다. 아마 그녀도 마찬가지일 것이다. 그녀는 어느 날 갑자기 자유롭던 공간을 점령군에게 침범당한 기분일 거다. 더욱 힘들게 하는 것은 할 말이 없다는 것이다. 그동안 살아오면서 대화를 자주 나누지 못한 탓이다. 넓은 공간에 침묵만 흐른다. 거실에 앉아 텔레비전을 보고 커피를 마셔 보지만 어색함을 지울 수 없다.

작가는 〈호미〉에서 현미경을 쓰고 그녀를 들여다본 것 같다. 어디다 내놓고 자랑할 만한 게 없다. 성품이 온순하여 남들 앞에 나대는 적이 없고 주위에서 아내가 있는지 없는지 모를 정도로 지냈다. 그녀는 호미처럼 욕심도 모르고 그냥 차분할 뿐이다. 누구와 비교할 줄도 모르고 자신에게 주어진 일에 만족하며 살아왔다.

아내는 오늘도 호미를 들고 밭으로 나간다. 나야 삽이나 곡괭이를 들고 골을 치고 두둑을 만들고 작물을 심지만, 아내는 언제나 제초는 자기 몫이라며 퍼질러 앉아 호미를 놓지 않는다. 잡초를 뽑아본 사람은 알 것이다. 쪼그리고 앉아서 하는 작업이 성과는 없이 얼마나 힘든 일인지. 오금팽이가 저리고, 심하면 등때기가 말린다. 제발 그만두라 해도 뿌리치며 괜찮다만 되뇐다. 한 수 더 떠 잡초를 뽑으면서 결실의 열매를 헤아리는 아내. 양에 따라 나누어줄 곳이 늘어난다. 아들네, 딸네, 시누이네, 시동생네, 교우집, 이웃집…. 내 손으로 가꾼 채소를 자식들은 물론 형제들과 이웃들에게 나누어 주겠다는 일념은 아무리 호미를 빼앗으려 해도 가당치 않은 일이다.

〈호미〉의 중간 부분을 읽으며 가슴이 먹먹했다. 아내와 연애 시절이 떠올랐기 때문이다. 부모님이 하시던 일이 풀리지 않아 가세가 급격히 기우는데 엎친 데 덮친 격으로 아버님이 몸져누웠다. 그녀와 연애하던 시절 기억이다. 당시 그녀의 어머니가 '내 눈에 흙이 들어오기 전에 결혼시킬 수 없다.'며 극렬하게 반대했다. 부잣집 귀한 딸을 데려와 고생시키고 싶지 않아 결혼을 포기하려는데 그녀가 콩깍지가 씌었나 보다. 어린 나이에 친부모님을 뿌리치고 내게로 왔다. 이것은 우연이 아니다.

신혼 시절 그녀를 끔찍이 사랑했다. 저 하늘에 태양이 그대를 버리지 않는 한 나 또한 그대를 버리지 않겠노라고 노래했다. 신혼 시절에는 일이 아무리 바쁘더라도 칼퇴근하여 그녀 곁에 머물렀다. 알콩달콩하던 시간은 오래가지 않았다. 내 기억으로 아들이 생기고 기뻐할 틈도 없이 그녀는 돈벌이에 나섰다. 신랑의 쥐꼬리만 한 봉급으로 생계유지가 어려워서다. 그녀는 가정 살림을 책임지느라 허접한 일을 닥치는 대로 해댔다. 남편의 허술한 빈 곳을 메우느라 쉴 틈이 없었다. 그만두어라 해도 집 마련하느라 진 부채를 갚느라 들은 척도 하지 않았다. 그녀는 어린이집을 운영하느라 고단한 삶을 살아 냈다. 까다로운 교사의 비위를 맞추고 고약한 아이의 부모를 달래느라 곤욕을 치르곤 했다. 나는 사내랍시고 봉급 몇 푼 받아다 주고는 모든 일을 다 한 양 행세했다. 글을 읽으며 아내에게 애틋함이 느껴졌다.

강돈묵 작가의 글을 보며 놀라움을 금치 못한다. 문학에 문외한이라서 잘 모르지만, 작가는 호미를 보고 내가 미처 몰랐던 부분을 찾아냈다. 호미에 아내를 얹어 놓으니, 가슴이 찡하다. 호미가 아내의 기질이고 살아온 모습이다. 작가는 수학의 고차방정식을 풀어낸 것처럼 보인다. 일차원의 점이나 선의 편협한 생각이 아니다. 또 한 면만 본 이차원의 단편적인 사유가 아니라 삼차원의 우주에서 사색의 바다를 유영(遊泳)한 것 같다.

수필 〈호미〉 한 편을 읽고서 아내의 소중함을 깨우쳤다. 인간은 물이나 공기가 없으면 하루도 살지 못한다. 물과 공기와 같은 아내의 존재를 모르며 잊고 살았다. 이제 그녀의 얼어붙은 마음을 녹여야 할 텐데 어디서부터 시작해야 할지 모르겠다.

아직 촛불을 끌 때가 아니다. 고단한 삶을 살아온 호미를 다시 떠올린다. 하루해가 석양으로 기울고 있지만, 아직 가슴속에 피고 지는 꽃이 많다. 붉게 물든 아름다운 저녁노을을 바라보며 그녀와 도란도란 이야기를 나눌 시간을 꿈꾸어 본다.

- 수필과 비평 2022-7 제249호

4부

돌탑을 보며

돌탑을 보며

어머니에 대한 죄책감이 파도처럼 밀려온다.

이승에서 여행이 끝나고 돌아가는 날 제일 먼저

어머니께 달려가서 꼭 안아주고 싶다.

간격

　세상이 어수선하다. 코로나19 때문이다. 어느 구름에 비가 들었는지 알 수가 없어 불안하다. 지인의 연락을 받고 한참을 망설이다 외출을 결정했다. 칩거한 지 석 달 만에 나와 보니 도시가 텅텅 비었다. 아파트 앞의 대로는 공항 활주로처럼 시원하다. 골목길 맛집에 기다리던 사람들은 어디로 갔는지 궁금하다. 녹색 앞치마를 두른 중년 아주머니가 멍하니 창문에 붙인 그림이다. 다른 식당도 카페도 한산하다. 또 문자 메시지가 날아왔다.

　"○○번 확진자 유성구 ○○동 빌라 거주(40대), 사회적 거리두기…."

집 밖으로 나가기가 무섭다. 코로나19에 걸린 이가 누군지 알 수 없기 때문이다. 때로는 타자에게 내가 두려운 존재일 수 있다. 누구에게도 원망을 듣지 않으려면 칩거하는 게 상책이다. 어쩔 수 없이 지인을 만나려니 두렵다.

이렇게까지 조심하는 것은, 감염병 트라우마가 있기 때문이다. 현직에 있을 때 메르스 사태에 대응하다 간호사의 안타까움을 접했다. 그녀는 어린 자녀 둘의 보호자였다. 아이를 뒷바라지하느라 야간 일까지 하다가 메르스에 걸렸다. 한 병동에 수십 명의 환자를 간호하던 중 일어난 가슴 아픈 일이다. 그 병동을 코호트격리하고 전문가들이 역학조사를 실시했다. 병동에 머물렀던 환자 중에 메르스 감염 환자가 있었던 것으로 밝혀졌다. 밀폐된 공간에 환자와의 이격거리, 즉 간격을 지키지 못하여 감염된 것이다.

호흡기 감염병을 막으려면 사람과 사람 사이의 간격 유지가 중요하다. 그것이 건강을 지키는 길이다. 간호사이면 알고 있을 터이다. 우리 삶이 고단하다 보면 알면서도 간과하는 일이 허다하다. 하지만 우리의 생명을 지키는 일에는 서로를 위해 간격을 지켰으면 좋았을 터이다. 그녀의 폐를 찍어본 결과 폐가 하얗게 굳어가고 기능이 점점 마비되어 회생이 어렵다는 의사의 판단이다. 또 그녀가 죽으면 자녀를 돌볼 사람이 없다며 딱한 사정을 전하는 이가 있었다. 그녀를 구하려고 손이 닿는 데까지 내밀자, 모 대학병원장이 발 벗고 나섰다. 그녀의 상실된 폐의 기능을 보호하는 에크모 시설 덕분에 생명을 구했다.

코로나19의 정체는 알 수 없다. 자신의 법칙을 고집한다. 그것은 모든 것에 새로운 의문을 던지고 이미 안착한 규칙을 재배치한다. 다른 방식으로, 아니 새로운 방식으로 해낸다. 기업이 해내지 못하는 유류가격을 낮춘다. 사회복지단체에서 못하던 국민 재난 기금을 정부로부터 받아낸다. 인간들이 싸우는 시리아 전투까지 평정해 버렸다. 이뿐인가, 우리의 일상을 송두리째 바꾸고 있다. 서로 만나 웃고 울며 부대끼며 살아온 삶의 방식은 인정하지 않는다. 아침에 눈을 떠보니 여기저기 빗장이 걸려있다. 어제가 그립다. 이제 지역사회로 확산하자 감염의 공포를 넘어 비대면 사회로 가는 것이 두렵다.

모처럼 지인을 만나려고 완전무장을 했다. 마스크를 찾아 귀에 걸고 아파트 현관을 나서며 두 마음이 쌈질이다. 엘리베이터를 타고 갈까, 아니면 걸어서 내려갈까. 그냥 얇은 장갑을 끼고 버튼을 눌렀다. 엘리베이터 안에 들어서자, 없던 세정제가 보인다. 장갑에 묻혀 비벼댔다. 오랜만에 밖에 나오니 기분이 상쾌하다. '어디에서 만날까?' 메시지를 보냈건만 답이 없다. 시계를 보니 아직 지인이 대전에 진입하기 전이다. '계룡산 주차장으로' 메시지를 다시 보냈다. 그러고는 김밥 커피 생수를 사서 차에 실었다.

계룡산 주차장에 도착하자 그는 이미 와있었다. 너무 오랜만이라 반갑고 가슴이 설렜다. 예전 같으면 달려가서 악수를 청하였건만 그저 멀찌감치 떨어져 '반갑다' 짤막한 손 신호뿐이다. 가져간 김밥을 한 줄 건네니 덥석 받으며 반가운 몸짓이다. 사람들이 마땅히 갈 곳이 없어서 산으로 다 모인 것 같다. 그들과 산행하며 봄볕을 즐겼다.

우리의 삶은 간격이 중요하다. 간격은 감염병뿐만 아니라 쾌적한 주거 공간을 만들고 편리한 교통안전을 지키려면 간격이 유지되어야 한다. 주거 공간의 거리를 지키지 못한다면 통풍권, 일조권, 조망권 문제로 이웃 간의 갈등이 일어날 수 있다. 차는 차도로 사람은 인도로 거리를 나누고, 차 간의 정해놓은 안전거리를 지키지 못하면 서로 불행해질 수 있다.

간격은 공간만의 문제가 아니다. 사람의 심리적인 거리에도 간격이 있다. 이는 인간의 품격을 나타내기도 한다. 존경받는 이를 가까이에서 보면 일정한 간격을 유지하고 있다. 산이나 강처럼 늘 그 자리다. 주위에서 비난을 받는 이들은 간격이 무질서하다. 가정이나 사회를 들여다보아도 간격을 지키지 못하면 갈등과 충돌을 빚는다. 연인 사이 헤어지는 것도, 부부 사이 갈라서는 것도 서로 간격이 무너진 탓이 크다. 가족법에서 1촌, 2촌, 3촌, 4촌…. 부모와 형제자매, 친족의 간격을 정교하게 다듬어 놓은 이유도 서로의 품격을 지키기 위해서다.

   간격은 격을 갖추는 일이다. 일정한 거리는 서로를 존중하는 거리다. 나도 있는 듯 너도 있으며 우리가 서로 사랑하고 평화를 지키는 유일한 길이다. 코로나19는 우리에게 간격을 지키라는 메시지 아닐까.

— 수필과 비평 2020-8 제226호

열십(十)자

흰 종이에 열십(十)자를 그려서 의미를 물어보았다. 산부인과 의사는 '배꼽'이라고 한다. 수학 선생은 덧셈이라 하고, 목사는 십자가라고 한다. 길거리 교통경찰에게 물으니, 사거리라 하고 동네 약사는 녹십자 표시라고 한다. 각자 바라보는 인식의 차이는 있으나 틀린 말이 아니다. 모두 맞는 말이다.

"묘소가 다 망가졌구나."

당숙의 나지막한 목소리가 귓가에 울린다. 한식 때 조상 묘를 둘러 보고 걱정이다. 그는 한평생 선영 가까이에서 산소를 수호하며 살아왔다. 우리가 어디서 태어났느냐며 조상 묘를 소중히 여겼다. 남북이 가로막혀서 가볼 수 없는 휴전선 안에 선대 묘까지 제단을 만들어 놓고 시제를 지내왔다. 성묘하러 가보면 산소 잔디가 골프장 잔디보다 더 예쁘게 다듬어 놓아서 놀랐다. 요즘은 연로하여 가끔 지팡이 짚고 묘소를 다녀와서 소식을 전한다. 연락을 받으며 늘 부끄러운 마음뿐이다. 예로부터 조상 묘는 장손이 수호하는 풍습 때문이다.

선영을 생각하면 당숙의 모습이 떠오른다. '뿌리 없는 나무가 어디 있는가. 아버지 날 낳으시고 어머니 날 기르셨다.'라고 하며 노래하였다. 육신의 한가운데를 자세히 보면 배꼽이 있다. 배꼽은 어머니로부터 육신이 자랄 수 있는 에너지를 받은 흔적이다. 그 탯줄의 인연을 거슬러 올라가 보면 아버지, 할아버지 그 윗대가 실핏줄처럼 이어진다. 조상 묘를 바라보면 배꼽의 역사가 어렴풋하다.

당숙의 전화다. 묘소에 잔디가 말라 죽었다고 봉분을 헐어내고 다시 입혀야 한다며 걱정이다. 예전 같으면 아무에게도 말하지 않고 당신께서 혼자 묘소를 보살폈는데 이제는 연로하여서 마음뿐이다. 감염병이 창궐하여 차일피일하고 있었다. 그런데 당숙이 몸져 누웠다는 연락이다. 모르긴 해도 망가진 선영을 걱정하다가 병을 얻은듯하여 간이 조마조마했다.

선영 관리는 쉬운 일 아니다. 수시로 찾아가서 보살펴야 하기 때문이다. 추운 겨울이 지나고 나면 솔잎이 떨어져서 산소에 잔지가 죽는다. 조경 전문가는 묘소 주변에 노송을 모두 베어내라고 권한다. 그렇다고 산소 주변에 있는 오래된 소나무를 베어낼 수 없다. 여러 날 고민 끝에 양지바른 곳으로 묏자리를 옮겼다. 묏자리를 잡느라 지관을 부르고 석물을 옮기느라 중장비를 동원하고 봉분과 묘역 주변의 잔디와 수목을 정리하느라 조경 전문가에게 도움을 받았다. 그리고 후손들이 모여서 간소하게 제물을 차려놓고 예를 갖췄다.

또 당숙의 연락이다. 한식 때 어렵사리 조성한 묘역이 장맛비로 유실되었기 때문이다. 새로 이장한 묘소가 한해를 넘기지 못한 채 수해를 입었다. 연일 뉴스에서는 코로나19 확진자 숫자를 발표하고, 추석 성묘는 모이지 말고 인터넷 영상으로 하라고 권고다. 심지어 시골 동네에 '추석에 불효자는 옵니다.'라는 이색적인 플래카드까지 등장했다.

선조는 유교적인 영향인지는 모르나 선영에 관심이 많았다. 묏자리가 후대 발복을 좌우하는 것으로 여긴듯하다. 윗대 산소를 돌아보면 대부분 양지바른 명당 자리다. 벼슬한 선조는 봉분의 규모나 석물 크기가 웅장하다. 혼백을 표시한 비석뿐만 아니라 상석, 호석, 망주석, 혼유석, 경계석, 장명등…. 그리고 민법에서 분묘기지권까지 보호한 것으로 보아서 관습적으로 매장 문화를 소중히 했다.

선영을 보호하는 문화가 언제까지 이어질지 모른다. 비좁은 국토에 늘어나는 묘지도 문제지만, 사후 관리할 수 있는 후손이 궁금하다. 후손이 이어지더라도 머나먼 이국에 살고 있다면 조상 산소를 수호할 수 있을지 의문이다. 자칫, 잘못하면 잡목만 무성한 흉터가 될지 모른다.

시대가 빠르게 변하고 있다. 농경시대처럼 한곳에 머물러 살지 않고 유목민처럼 세계 이곳저곳을 누비며 산다. 이제 선영을 관리하는 풍습도 변해야 한다. 후손이 설사 가까이 살더라도 삶이 고단하여 부담될 수 있다. 가문의 형편대로 추모하는 방법을 유연하게 바꾸어 보면 좋을성싶다. 천상에 계신 조상은 후손이 세계 어디에 있든 찾아오실 수 있다. 우선 후손이 사는 근처 공원이나 산림에 추모 공간을 만들어 보면 어떨까.

굳이 조상의 추모 공간이 물리적인 공간이어야 할까. 열십(+)자가 배꼽이면 어떻고, 덧셈이면 어떻고, 십자가면 어떤가. 사거리도 좋고, 녹십자 표시라도 좋다. 선영이면 어떻고, 가상공간이면 어떤가. 그런데 아직은 아닌 듯하다.

장맛비로 유실된 선영을 복구하러 길을 나선다.

— 기계유씨 대종회 부운보 2021 여름호 제129호

몽돌

　세상이 바쁜 것인가. 아니 내 마음이 바쁜 것인지 모른다. 이리저리 쏘다니다가 이상한 병을 얻었다. 며칠째 허리가 아파서 침대에 붙어있다. 비로소 멈추니 보인다. 창가에 조그만 물체가 눈에 다가온다. 주먹보다 조금 더 커 보이는 동글동글한 돌이다. 아버지의 유품으로 받은 몽돌이다.

　몽돌의 심연으로 들어간다. 몽돌은 오랜 시간 산전수전을 다 겪었다. 자기의 의지와 상관없이 험난한 절벽에서 떨어져 나와 거친 세상을 살아 냈다. 때로는 노도와 같은 거센 물결에 휩쓸리기도 하고 힘이 없어서 강바닥에 주저앉기도 했다. 하지만 몽돌은 자연에 순응하며 부딪히고 깨지더라도 자신의 정체성을 잃지 않고 단단한 모습을 지켜왔다. 몽돌은 아파하는 내 꼬락서니를 보며 가소롭다는 표정이나 기침만 하여도 허리가 땅기고 근육이 아파서 어쩔 수 없다. 병마의 먹잇감이 된듯하여 서운하다. 하긴 갑년이 지나도록 써먹었으니 오래 사용하였다. 자동차 같으면 박물관에 보내질 나이다.

아버지의 기억이 영화필름처럼 돌아간다. 그는 일제 강점기에 검단산자락에서 태어났다. 어느 날 몽돌이 홍수에 휩쓸려 나가듯 일본 놈이 쳐들어와서 조상 대대로 살아오던 터전을 빼앗겼다. 할아버지는 일본군에 수배되어서 서산 갯마을로 피신했다. 집을 지키던 큰아버지는 무자비한 일본 경찰에 두들겨 맞으며 끌려갔다는 소문이다. 몽돌은 홍수가 끝나면 이름 모를 곳에 남겨지듯 아버지는 해방을 맞아 홀로 낯선 세상에 던져졌다. 해방은 또 다른 고통의 시작이다. 일본에 끌려간 큰아버지를 찾느라 여러 해 수소문했으나 무위로 끝났다. 오사카 교민회에서 찾을 수 없다는 사실만 확인했을 뿐이다.

새로운 먹구름이 몰려와서 덮쳤다. 아버지는 일본에서 귀국하자마자 6.25전쟁이 터졌다. 다른 환란의 시작이다. 군 특수부대에 입대하여 전방부대를 전전했다. 용산, 의정부, 동두천, 춘천, 양구…. 내가 대학에 들어갈 무렵 아버지는 강원도 두메산골에서 생을 마감했다. 사실 생전에 뵙기가 어려웠다. 늘 비상이 걸려서 산속에 상주하다시피 했다. 아버지의 삶은 비상이 정상이다. 그러니 가족은 서울 외갓집에서 더부살이할 수밖에 없었다.

몽돌의 사연을 누가 알까. 내 기억 속의 아버지는 몽글몽글한 몽돌이 아니다. 소신이 뚜렷해 보여서다. 자식 하나 잘 가르쳐보려고 일찌감치 학교에 보냈다. 유치원이 흔하지 않던 시절이라 초등학교에 두 해나 일찍 보냈다. 어린 나이에 형들과 어울리느라 숱한 고초를 겪었다. 외삼촌이 사준 가죽가방을 빼앗기고 어머니가 사준 신발을 잃어버렸다. 학교에 가면 동네북이다. 하루가 멀다고 두들겨 맞아서 코피가 터지고 무릎이 깨지는 일은 다반사였다. 도저히 다닐 수 없어서 학교에 안 가겠다고 버티다가 아버지한테 혼이 났던 기억이 생생하다.

당시 아버지가 원망스러웠다. 시간이란 필터에 나쁜 기억들은 여과되어 맑아졌다. 돌아가시고 나서 장례식날 조문온 이를 통해서 아버지를 알게 되었다. 당시 강원도 북부지역에서 군 보안업무를 담당하며 자별하게 지내던 관할 구역 헌병 대장이 아버지의 과거를 들려주었다.

"너의 아버지는 몽돌처럼 다부진 분이셨다."

그는 6.25전쟁 당시부터 아버지를 알고 지냈다고 한다. 아버지는 전쟁 통에, 홍수에 휩쓸려가는 막돌보다 더 처참한 삶을 살아 냈다. 피아식별이 어려운 특수부대에 근무하면서 참혹한 현장을 누볐다. 생사의 갈림길에서 불가피한 선택이었을 거다. 그가 들려준 말은 소름이 돋아 글로 남기고 싶지 않다. 전쟁이 끝나자, 특수부대 경험을 살려서 전방부대를 돌며 방첩 활동과 정훈교육을 담당했다. 특히, 반공교육에 앞장섰다. 그가 전한 아버지의 유품이 유언을 대신 한 듯하다. 유품은 반들반들한 몽돌과 낡은 노트뿐이다. 몽돌처럼 처한 운명을 받아들이고 즐긴 듯하다. 노트에 적힌 글귀가 특이하다. '내 운명이다.' 그 아래 '때려잡자, 공산당'이다.

창가에 있던 몽돌이 말을 걸어오는 듯하다. 환청인지 모른다. 아무런 토를 달고 싶지 않다. 인간은 의지와 상관없이 몽돌처럼 어느 날 세상에 툭 던져진 존재다. 몽돌은 운명을 거부할 수 없고 시간의 흐름 속에 묵직한 내공을 쌓는다. 몽돌에 새겨진 비와 바람의 흔적이 인간의 섬세한 내성의 궤적과 다를 바 없다. 몽돌의 본질은 여전히 돌이고 언젠가 다시 그 본래의 모습으로 돌아간다. 인간의 생성과 소멸도 반복하는 영겁의 수레바퀴 속에서 한순간 살다가 먼지처럼 사라질 거다.

오늘따라 창가에 몽돌이 포근하게 느껴진다. 한 많은 격동의 시대를 살다 간 아버지가 그립다. 몽돌처럼 다부진 유전자가 내 몸 어딘가에는 남아 있으리다. 니체의 말처럼 주어진 상황에 주눅 들지 않고, 삶을 긍정하며 내게 주어진 운명을 사랑(Amor Fate)하고 싶다. 지금 허리가 아파 침대에 붙어있는 것도 내 운명이다.

마침, 라디오에서 '아모르파티' 노래가 흘러나온다.

– 수필과 비평 2022-12 제254호

가시 무도회

　스칠 때마다 아프다. 장마 끝이라 농막 주변이 풀로 무성하다. 급한 마음에 장갑을 끼지 않고 풀을 깎다가 가시에 찔렸다. 자세히 보니 푸른빛을 띤 뾰쪽한 어린 꾸지뽕나무 가시다. 손에 박힌 가시는 만지면 만질수록 살 속으로 파고 들어간다. 가시에 찔린 자리가 아프고 욱신거려서 가까운 병원을 찾았다.

　박힌 가시를 보며 상념에 젖는다. 우리가 살아가는 동안 알게 모르게 여러 가지 가시에 찔린다. 눈에 보이는 가시도 있고 눈에 보이지 않는 가시도 있다. 눈에 보이는 가시는 뽑아내면 쉽게 아무나 눈에 보이지 않는 가시는 오래간다. 사람과 사람 사이에 찔린 가시는 눈에 보이지 않으나 잊을 만하면 기억이 나서 괴롭다. 때로는 아픈 상처가 덧나서 모든 인연을 끊고 무인도로 가고 싶은 적도 있었다.

한때 병원 업무를 보았다. 지방의료원을 관리하고 감독하는 일이다. 정부에서는 의료원의 경영수지를 개선하라고 줄곧 다그친다. 의료 장비를 지원해 주고 사업비를 보조해 주는데 경영 적자를 내냐며 호된 질책이다. 나도 모르게 가시가 돋아나서 의료원장을 겨누고 있다. 경영 계획서를 내라 하고 적자를 내면 계약을 해지하겠노라고 엄포까지 놓는다. 사실 무리한 요구다. 의료원은 공익을 추구하는 공공병원으로써 이익을 추구하는 민간 병원과 다르기 때문이다. 하나 적자가 늘어나고 채무가 쌓여서 어쩔 수 없는 노릇이다.

불가피하게 아픈 가시를 내민다. 그러면 마음 약한 의료원장은 자리를 내놓는다. 의료원장이 바뀔 때마다 표정이 밝지 않다. 임용 시 경영 적자를 개선하라는 무거운 짐을 지운 탓이다. 그도 가시가 돋아난다. 성과를 올리라고 진료 의사에게 은근히 압력을 넣다가 마찰을 빚는다. 공공병원은 과잉 진료를 할 수 없기 때문이다. 어려운 시민에게 의료혜택을 주고자 설립한 병원이다. 따라서 의업 수입은 매년 적자를 면치 못한다. 궁여지책으로 의업 외 수입을 늘리려고 장례식장이나 주차장을 운영하다가 노조의 벽에 부딪는다.

"원장 물러나라"

노조의 무기는 진료 거부다. 근로자는 일거리가 많아지자, 처우개선 하라며 머리에 붉은 띠를 두르고 거리로 나가서 시위를 벌인다. 그들은 일명 '가시 무도회'라고 부른다. 가시 무도회가 열리면 전국에서 연대하는 이들이 몰려온다. 난감하다. 의사 의료원장은 대부분 버티지 못하고 그만둔다. 그 여파는 쓰나미처럼 밀려서 내게 닥친다. 오롯이 내가 담당할 몫이다. 진료 중단을 막아보려고 전전긍긍하며 현장으로 달려간다. 진료 의사와 노조 간부를 설득하고 달래느라 숱한 밤 지새웠다.

노조가 가시 무도회를 열고 나면 병원이 휘청거린다. 외래환자가 줄고 입원환자가 빠져나가서다. 답답한 마음에 경영전문가에게 묻자, 의사보다 전문경영인을 임용하란다. 입소문이 퍼지자, 의사협회서 아픈 가시를 내게 내민다. 그들의 일자리가 줄어들기 때문이다. 의료원을 살리는 길을 택했다. '의사는 전문진료를 하면 되고 전문경영인은 수준 높은 의료진을 꾸려서 질 높은 의료서비스를 제공하면 된다.'라고 하며 버텼다. 본의 아니게 품격 없이 굴었다.

이윽고 내 차례가 왔다. 간호사가 의사 방문을 열며 들어가란다. 의사는 잠시 손바닥을 들여다보더니 심드렁한 표정이다.

"꾸지뽕 가시가 많이 박혔군요."

그는 예리한 핀셋으로 가시를 한참 파내더니 한마디 한다. 꾸지뽕 어린나무는 자신을 보호하려고 온몸에 가시를 둘러싸고 있는데, 조심하지 않았다고 나무란다. 오래된 꾸지뽕나무는 가시가 없단다. 웬만한 공격은 이겨 낼 수 있어서 가시를 모두 내려놓았다고 덧붙인다. 농막에 돌아와서 꾸지뽕나무를 자세히 들여다보니 맞는 말이다. 굵은 나무줄기는 세월의 흔적만 두툴두툴하고 가시가 보이지 않았다.

그간 살아오면서 알게 모르게 볼썽사나운 가시로 많은 이를 아프게 했다. 나의 돈바른 성격 탓이 크다. 이제 오래된 꾸지뽕나무처럼 가시를 내려놓고 싶은데 마음대로 되지 않는다. 나이는 켜켜이 쌓여감에도 아직 가시가 남아 있다. 관용이나 너그러움 따위는 찾아볼 수 없고 옹졸하기만 한 나를 본다.

마음이 슬거워지고 싶은데.

― 수필울 동인지 2024 제5집

행운의 열쇠를
보며

　초대장이다. 시월이 오면 열리는 문학제다. 문학제는 문인들이나 문학 지망생들의 잔치다. 문학관에서 직원이 일찍 와달라는 연락이 와서 서둘러 갔다. 들어서자, 시인이 반갑게 반긴다. 꽃바구니를 전하며 축하 인사를 드렸다. 그는 정성껏 만든 차를 따라주며 안부를 묻는다. 한참 이야기꽃을 피우는데 직원이 시상식 시간이 되었다고 알려준다. 시상식장으로 이동하려는데 조그만 선물이라며 문학관 측에서 건넨다. 극구 사양하다가 어쩔 수 없이 가져왔다.

　선물을 집에 와서 풀어보니 번쩍인다. 행운의 열쇠다. 행운의 열쇠는 부와 재물의 상징이다. 그래서 많은 이가 행운의 열쇠를 좋아하는 듯하다. 직장에서도 행운의 열쇠 바람이 분 적 있다. 함께 일하던 이가 영전하면 승승장구하라고 행운의 열쇠를 선물하곤 했다.

행운의 열쇠를 보며 상념에 잠긴다. 행운의 열쇠는 부를 상징하고 승승장구하는 운을 누구에게나 주는 것 같지 않다. 내겐 아픈 기억이 있다. 돌아가신 어머니가 생각이 난다. 아버지가 돌아가시고 홀로된 어머니를 모시고 살았다. 늦가을과 초겨울 경계다. 어머니는 무척 외로웠던지 외삼촌을 찾았다. 동네 공중전화 부스에 가서 외삼촌께 연락했으나 오지 않는다. 그는 정치인들과 어울리느라 바쁘다. 낮에 포효하던 바람이, 밤이 되자 잠이 들었다. 얼마나 추운지 천장을 뛰어다니던 서생원마저 조용히 웅크리고 있다.

어스레한 불빛 사이로 문이 삐걱거리는 소리가 난다. 어머니가 찾던 외삼촌이다. 그녀는 반가운 몸짓이다. 중풍으로 언어장애가 왔으나 의식은 또렷하다. 희미한 불빛 아래 그를 바라보며 뜨거운 눈물을 흘리던 모습이 눈에 선하다.

"어머니 잘 모셔라."

외삼촌은 한마디 툭 던지고 어둠 속으로 사라졌다. 하룻밤 머물면서 어머니와 이야기를 나누었더라면 하는 아쉬움이 크다. 온몸이 절여오는 냉골에 저승사자의 그림자만 드리웠다. 그가 떠난 빈

자리에 묵직한 가방이 하나 남았다. 아무런 생각 없이 어두운 벽장 속으로 밀어 넣었다. 그 후 오래지 않아서 어머니는 천상으로 떠났다. 마땅히 상의할 어른이 없어서 외삼촌께 알리자, 그는 득달같이 달려왔다. 조촐하게 어머니 장례를 모셨다. 그리고 벽장에 넣어두었던 가방을 꺼내어 외삼촌께 돌려드리자, 노발대발이다. 어머니 모시라고 가져왔던 금붙이였다.

세상 물정 모를 때다. 외삼촌이 놓고 간 금붙이를 들고 금방으로 가져가 보았다. 금방 주인이 놀라며 의심스러워하는 눈초리다.

"어! 순금이네, 행운의 열쇠 어디서 났어요?"

이리저리 만져보고 무게를 달더니 형사처럼 캐묻는다. 상상을 초월하는 돈을 주겠다고 하나 돌아가신 어머니 몫이라서 팔 수가 없었다. 거금을 주겠다는 말을 들은 후부터 어머니께 죄스러웠다. 바나나가 드시고 싶다고 했는데 돈이 없어서 사 드리지 못했기 때문이다.

갑자기 행운의 열쇠가 짐이다. 매일 보채는 여인이나 되듯 곁에 두고 관리해야 하니 살 수가 없어서 급한 대로 은행에 맡겼다. 하루 살아내기가 어렵던 시절이다. 연탄을 들이고 쌀을 사고 밀린 방세를 내야 했다. 돈 벌려고 다녀보아도 일자리가 마뜩잖았다. 은행에 맡겨 두었던 행운의 열쇠를 찾았다. 무거운 발걸음으로 종로 귀금속 거리를 배회하다가 돌아왔다. 어머니 얼굴이 아른거려서다. 다시 허드렛일을 찾아보았으나 일거리가 없다. 어찌할 방법이 없어서, 그것을 찾아서 전당포에 맡기고 생활비로 썼다. 곶감 뽑아먹듯 하자 두 해를 넘기지 못하고 바닥이 났다.

    가슴이 무너지는 듯했다. 어머니 행운의 열쇠를 지키지 못한 무거운 마음 때문이다. 막일을 시작했다. 지게질이다. 새벽에 동대문 시장에 나가서 물건을 지게에 지고 버스까지 나르는 일이다. 그때 지방에서 옷 장사하는 이들이 전세버스로 물건을 사러 왔다. 지게꾼도 눈치가 있어야 돈 번다. 부티 나는 아주머니에게 줄을 서자 수입이 짭짤하다. 낮에는 학원 가느라 새벽일밖에 할 수 없었다. 아침에 시장에서 국밥 한 그릇 뚝딱하고 학원으로 달려가면 나른하다. 강의실에서 침을 질질 흘리며 조는 날이 다반사다. 결국, 행운의 열쇠를 찾느라 웅지의 뜻을 이루지 못했다.

    돌이켜보면 행운의 열쇠는 나의 족쇄였다. 그것을 찾느라 번번이 시험에 낙방했다. 이뿐인가. 행운의 열쇠 때문에 평생 어머니에 대한 불효의 짐을 안고 살았다.

    행운의 열쇠가 비웃는 것 같다. 하나 괘념치 않는다. 행운의 열쇠는 한낱 즉자적 존재, 쇠붙이에 불과하다. 세상 사람들이 행운의 열쇠를 좋다고 하여도 내가 만든 대자 존재에 서 있다. 내게 소중한 건, 돈보다 마음이다. 문학관에서 건네준 행운의 열쇠보다 반갑게 맞이하던 시인의 모습이 내게 큰 기쁨이었다.

− 수필울 동인지 2023 제4집

돌탑을
보며

　주차장에 차가 가득하다. 하는 수 없이 공원주차장 가까이 있는 산사 마당에 차를 세웠다. 등산길을 찾느라 두리번거리는데 숲 사이로 돌탑이 보인다. 길섶에 크고 작은 돌탑이 여러 개 있다. 새로운 등산길이 만들어지면서 돌탑만이 옛길을 지키고 있다. 돌탑은 푸른 이끼 옷으로 뒤덮인 채, 묵직한 역사의 흔적을 안고 있다. 문득 어린 날 어머니가 뒤란에 쌓았던 돌탑이 생각난다.

　강원도 두메산골에 살 때다. 어린 시절 살던 집 마당에는 유난히 돌이 많았다. 선조가 산길을 지나며 길에 흩어진 돌을 하나씩 주워서 한곳에 돌탑을 쌓듯 어머니는 마당에 돌을 주워다가 뒤란 장독대 옆에 돌탑을 쌓았다. 선조가 길섶에 자연스럽게 돌탑을 만들어 지나는 이의 복과 안녕을 비는 상징물로 위안을 받듯 어머니는 장독대 옆에 돌탑을 쌓으며 가족의 안녕과 평안을 빌었다.

아버지는 산속에서 근무 중이었다. 군사기밀이라 말해주지 않아서 무얼 하는지 모른다. 다만 맹(猛)골 군수라는 별명이 회자하였다. 별 판을 단 지프가 오간 걸 보아 산속 호랑이처럼 지낸 듯하다. 산골짜기마다 군부대 막사가 즐비하다. 군용 도로변은 콘크리트로 만든 탱크 방어 저지선이 만리장성처럼 쌓여 있었다. 평소에는 군용버스를 타고 학교에 다녔다. 가끔 군부대에서 비상이 걸리면 군용버스가 움직이지 않아서 자전거로 통학하곤 하였다. 길이 험하고 가파른 산길이라 자전거를 타고 가는 길보다 끌고 가는 길이 더 많았다.

어느 날부터 군부대 사정으로 군용버스 운행이 뚝 끊겼다. 매일 자전거를 타고 학교에 다닐 수밖에 없었다. 며칠은 자전거로 학교에 다녀왔으나 계속 이어지자, 체력이 따라주지 못했다. 학교에 다녀오면 어지럽고 하늘이 노랬다. 먹는 게 부실한 탓도 있으나 가파른 산길을 오르내리느라 육신이 피로해서다. 이웃에 사는 친구는 오토바이로 통학했다. 그가 몹시 부러웠다. 어머니에게 오토바이를 사달라고 졸랐으나 한숨만 쉴 뿐이다. 주머니가 헐렁해서다. 계속해서 학교에 다니려면 오토바이가 필요하여 마련할 궁리를 했다. 친구에게 물어보니 그의 삼촌이 오토바이 가게를 한단다. 바로 그날 구경하러 가자고 하여 쥐뿔도 없는 놈이 중고 오토바이를 덜컹 사버렸다. 매월 조금씩 갚기로 한 것이다.

　오토바이를 타고 집에 오자 어머니가 놀란 표정이다. 친구 오토바이 빌려 타고 왔다고 둘러댔다. 월말이 되자 할부금을 갚아야 했다. 돈을 벌어 보려고 알아보았으나 일할 곳이 없었다. 급한 대로 어머니가 마련해준 월사금으로 오토바이 할부금을 갚았다. 오래가지 못했다. 두 번까지는 말썽 없이 잘 지나갔으나 세 번째 사달이 났다. 학교에서 월사금 납부 독촉통지서가 집으로 날아와서다. 어머니는 한 마디 묻지 않았다. 집에 와보면 그녀는 뒤란에 돌탑 주변을 서성일 뿐이다. 가끔 앞마당에서 조그만 돌을 하나 주워다가 탑 위에 올려놓곤 했다.

　일이 꼬였다. '재수가 없으면 뒤로 넘어져도 코가 깨진다.'라고 하는 속담이 내게 적확했다. 예기치 못한 오토바이 사고다. 험한 산길에서 내려 달리다가 군용 지프 뒤를 받았다. 그것도 작전 수행 중인 지휘부 지프였다. 산속에서 근무 중이던 아버지가 나타나서 어려운 일을 수습했다. 헌병대와 경찰서를 오가며 고생한 것이다. 아버지 덕분에 소낙비는 피했으나 어머니께 죄인이 되었다.

　모든 탑새기(벼 탈곡할 때 나오는 먼지)는 어머니가 뒤집어썼다. 오토바이 사고는 담쟁이넝쿨처럼 뻗어 갔다. 할부로 오토바이를 산 것부터, 학교에 월사금이 밀린 게 모두 어머니 탓이라고 아버지는 지청구다. 그때 남정네의 억압된 분노는 애꿎은 아내 몫이었다. 나는 쥐구멍이라도 있으면 숨고 싶은 심정이었다. 어머니는 어디에도 하소연하지 못하고 돌탑만 쌓을 뿐이다. 아마 돌탑에 돌을 올려놓으며 아들이 빨리 철들길 빌었을 거다.

돌탑은 어머니의 한 맺힌 사연이 박제된 듯하다. 환영인지 모른다. 어머니가 길섶 돌탑 주변을 맴돌고 있는 듯하다. 돌탑은 가족이나 산길을 오가는 이의 안녕을 기원하는 민간신앙일 수 있으나, 돌은 변하지 않는 상징성을 가지고 있다. 오랜 세월 비바람에 휩쓸려도 돌의 모양이 조금 달라질 뿐 근본은 변하지 않는다.

돌탑을 보며 어머니에 대한 죄책감이 파도처럼 밀려온다. 이승에서 여행이 끝나고 돌아가는 날 제일 먼저 어머니께 달려가서 꼭 안아주고 싶다.

낯선
서핑

　어쭙잖은 놈이 바쁘다. 지인 자제 예식을 보고 발길을 돌리려던 참이다. 그런데 웬 이가 손목을 부여잡고 놔주지 않는다. 그는 지난 일을 뒤적이며 반기는데 기억이 나지 않는다. 강산이 여러 번 바뀐 탓이다. 이야기를 듣다 보니 알 듯하기도 하고 그렇지 않은 듯 아리송하다. 그는 내 어깨를 툭 치면서 학창 시절 두들겨 맞았던 기억을 끌어온다. 교장 선생님 훈시 시간에 떠들다가 같이 끌려가서 교련 선생님께 두들겨 맞지 않았느냐고 묻는다.

　그 말이 어렴풋이 기억난다. 그와 떠들다가 교련 선생님께 두들겨 맞았다. 어찌나 세차게 주먹으로 맞았는지 쌍코피가 터졌다. 이뿐인가. 젊은 혈기에 각목 들고 그와 싸웠던 일이 주마등처럼 스친다. 학창 시절 두들겨 맞고 싸운 기억이 살아나자 금방 가까워졌다. 그는 자기 집으로 가자고 막무가내다. 돌아오려던 발걸음은 엉뚱한 곳으로 향했다. 한 시간 남짓 달리니 동해다.

저녁노을이 드리운 동해는 스산하다. 삽시간에 설악산 그늘이 흥건해졌다. 그는 자신이 운영하는 카페로 데려가더니 귀신도 모를 해병대 이야기를 풀어 놓는다. 듣지도 보지도 못한 낯선 이야기다. 보병 출신이라 마땅히 할 말이 없어서 고개를 주억거리며 간간이 추임새로 넣었다. 창밖은 높은 파도가 달려와서 벽에 부딪더니 하얀 물보라를 일으키고 돌아간다. 잠시 파도를 바라보며 말을 멈추더니 뜬금없이 내일 서핑하자고 한마디 툭 던진다. 한 번도 경험해 본 적이 없어서 손사래 쳤다. 그는 걸어만 다닐 수 있으면 서핑을 즐길 수 있다며 이야기를 이어간다.

밤이 깊어서 눈꺼풀이 무겁다. 졸음이 와서 꾸벅꾸벅 졸자, 그는 바로 인근에 있는 목욕탕으로 데려간다. 바닷물을 끌어들여 주야장천 운영하는 목욕탕이다. 샤워하고 잠을 자려고 하나 잠을 이룰 수 없다. 밀려오는 파도 소리보다 낯선 서핑 이야기 때문이다. 자는 둥 마는 둥 새우잠 자다가 일어났다. 아무리 생각해 봐도 자신이 없어서 아침 식사하며 통일전망대나 가보자고 했다.

그는 고개를 끄덕인다. 아침 식사가 끝나자마자 금강산 가는 길로 앞서 내달린다. 그를 뒤따라서 운전해 갔다. 금강산관광 가던 추억을 떠올리며 한참 달리자, 통일전망대 입구다. 간단한 입장 절차를 마치고 통일전망대에 올랐다. 그는 잰걸음으로 한 바퀴 돌아 나오더니 볼 게 없단다. 눈에 보이는 것은 휴전선 철책뿐이란다. 금강산 가는 길을 막아놓아서 가슴이 아프다며 바로 양양으로 내려가잔다.

동해안을 따라서 한 시간 남짓 운전하자 양양 해변이 나온다. 양양은 서핑의 메카다. 해변에 서핑 애호가들이 그득하다. 젊은 남녀들이 넘어지고 젖혀지며 즐거운 표정이다. 그는 양양 해변을 천천히 한 바퀴 돌더니 하조대해수욕장에서 차를 세운다. 하조대 해변은 서핑 강습이 한창이다. 서핑을 즐기러 온 젊은이들이 기초 훈련받느라 땀을 뻘뻘 흘린다. 한여름 뙤약볕을 머리에 이고 하얀 모래 위에서 누웠다 일어났다 하느라 몸이 바쁘다.

그는 서핑강습장을 제집 드나들듯 한다. 서프보드와 슈트를 가지고 나와서 내게 가르친다. 졸지에 서핑 강습을 받게 되었다. 먼저 바다 안전에 관하여 말하더니 파도 타는 요령과 서퍼들 간에 충돌을 피하는 방법을 알려준다. 이론보다 실습이 더 중요하다며 슈트 착용 방법과 서프보드에서 일어서는 기본동작을 선보인다. 성격이 급하다. 바로 연습해 보란다. 걷기만 하면 즐길 수 있다던 말은 거짓말 같다. 생각보다 어렵다. 서프보드에서 중심을 잡고 일어날 듯하다가 물에 빠지곤 한다. 오전 내내 서프보드에서 일어서는 연습을 하며 허우적댔다.

긴 장마가 끝이라서 무더위가 기승을 부린다. 강습에 마지막 코스인 서프보드와 오른쪽 다리를 연결하는 리쉬(leash)를 묶었다. 그는 리쉬를 잘 착용하는지 꼼꼼하게 살피더니 바다로 나가서 즐겨 보란다. 에메랄드빛 파도를 보며 용기를 냈다. 더운 날씨라 빨리 바닷물에 입수하고 싶은데, 높은 파도가 밀려올까 두렵다. 그는 시범을 보이는 듯 큰 파도를 미끄러지며 나간다.

간신히 일어섰다. 몸에 중심을 잡고 서프보드에서 일어나 바람을 잡아보려고 안간힘을 쓰나 바로 큰 파도가 달려온다. 바다로 빠졌다. 여러 번 시도하다가 물만 먹었다. 서핑을 자유스럽게 즐기려면 숱한 연습이 필요해 보인다. 그는 바다가 고향이다. 바다를 누비며 한평생 살아온 사나이다. 수영 연습할 때 수영장 물을 다 마셔야 자유롭게 수영할 수 있다던 강사의 말이 맞는다면 그는 바닷물을 얼마나 많이 마셨을까.

그는 다시 큰 파도를 헤치며 미끄러지듯 나간다. 내 생전에, 서프보드에 몸을 싣고 바다를 향해 미끄러져 나갈 수 있을지.

증조부의
부활

 그간 무덤덤하게 들리던 소리다. 오늘따라 호국영령에 대하여 묵념을 알리는 사이렌 소리가 가슴을 파고든다. 구한말 망국의 울분을 삼키며 살다 가신 증조부를 알고부터다. 사실 나이 오십 되도록 조상 없이 고아처럼 지냈다. 호랑이는 죽어서 가죽을 남기고 사람은 죽어서 이름을 남긴다는 말이 가슴에 닿는다. 증조부를 연구하던 이들이 후손을 찾아주었기 때문이다.

 후손으로서 부끄러운 일이다. 어린 날 기억은 외갓집뿐이다. 담임선생님이 가족을 물어오면 외삼촌 이름을 대며 우물쭈물했다. 부친은 그믐달만큼이나 뵙기가 어려웠다. 강원도 두메산골의 전방 부대를 전전했기 때문이다. 아버지가 돌아가시고 조상에 대한 궁금증과 아쉬움이 교차하던 차다. 일면식도 없는 대학교수가 찾아왔다.

"존재 유진하 선생을 아시나요?"

금시초문이다. 난감하여 머뭇거리니 그는 내가 존재 유진하 선생의 장손이란 말을 전해 주었다. 귀를 의심했다. 충남대학교 충청문화연구소장이라며 수소문하여 찾았다고 반가워한다. 차를 한 잔하며 그간의 이야기를 들려주더니 연말에 「존재 유진하(俞鎭河)의 사상과 민족운동」 학술회의가 있다며 참석하라는 권고다. 어렵사리 시간을 내어 찾아가 보았다. 한국 독립 운동사를 연구하는 이들이 모여서 발표하며 토론이 이어지고 있었다.

처음 보는 학술회의장이라 생경하다. 어디선가 잠자고 있던 고문서들이 부스스한 모습으로 깨어나고 있다. 낡고 오래된 누런 종이에 붓으로 쓴 한자가 꿈틀대고 형체를 알아볼 수 없는 빛바랜 사진이 살아 움직인다. 그곳에 참석한 이는 대학의 국사학 교수, 독립기념관의 연구관, 한국 독립운동사를 연구하는 대학원생 등 어림잡아 이백여 명 정도 되었다.

난생처음 족보 공부다. 첫 발제자가 유진하 선생은 본관이 기계(杞溪)로 호는 존재(存齋)며, 선조 때 우의정과 좌의정을 지낸 충목공 홍(泓 1524-1594)의 11대손이란다. 학창 시절 배운 구당(矩堂) 유길준(俞吉濬) 선생도 같은 집안이라고 소개다. 존재 선생은 구한말 제국주의침탈로 나라가 위기에 빠졌을 때 젊은이들을 교육하여 항일운동에 참여하도록 한 훌륭한 유학자라고 추켜세워서 놀랐다.

귀를 세우고 들어보았다. 정부에서 구한말 독립운동가인 유인석을 연구하다가 증조부와 교류한 서간문이 발견되어 연구를 시작했다. 증조부는 화서학파로 경기도 고양시에서 태어나 경기지역에서 활동하다가 나라가 위태로워지자, 최익현 윤석봉 등과 함께 충청 지역으로 이주하면서 이 지역에 화서학파 사상을 보급한 교육자였다. 연구자들이 존재 선생의 기록을 하나하나 제시하며 항일의병 활동에 커다란 족적을 남겼다고 칭찬이다.

가슴이 먹먹했다. 증조부는 구한말 격동의 시대를 살아냈다. 숱한 고초를 겪으며 항일운동을 하다가 가문이 풍비박산 났다. 장손인 조부는 조상 대대로 살아오던 검단산자락의 터전을 빼앗기고 백부는 일제강점기에 징용되어 일본 오사카에서 행방불명되었다. 의지할 곳 없는 부친은 휴전선 부근에 군부대를 전전하다가 불운하게 천상으로 떠났다.

만감이 교차한다. 증조부께서 남긴 기록이 없었더라면 대가 끊겼다. 현충원에 가보면 후손이 끊기거나 이름 없는 용사의 묘역을 본다. 아마 남겨진 기록이 없기 때문일 거다. 다행스럽게 증조부의 「존재(存齋)선생 유고집」이 남아 있어서 연구자료가 된 게다. 나라에서는 「한국 사상 사학」과 「瑞山 俞鎭河家 고문서」를 정리하여 여러 곳에서 비치하고 있다.

기록이 중요하다. 기록은 과거와 현재를 이어주는 다리다. 증조부의 유고집이 끊겼던 가문의 맥을 이어주었다. 어떤 이는 대학도서관이나 독립기념관 등에서 증조부의 이름을 보고 훌륭한 조상을 두었다고 부러워하기도 한다. 기록의 힘은 대단하다. 유대인들이 오랜 세월 디아스포라(Diaspora)를 겪으면서 2차 대전 후에 나라를 다시 세울 수 있었던 것도 그들의 기록이 있었기 때문이다.

증조부의 남은 기록을 꺼내 본다. 한시가 안타깝게 장롱 속에 묻혀있다. 박사학위 논문을 쓰고 영어 원서를 읽어댄들 아무 소용이 없다. 고문서 한쪽을 제대로 읽어내지 못하는 까막눈이다. 증조부를 추모하는 마음으로 중국 고전을 뒤지고 옥편을 넘기며 시 귀의미를 한 자 한 자 찾아가고 있다. 서툰 번역이나 〈亡國의 鬱憤〉 시 한 편을 적는다.

盡矣天亡我小華(혁의천망아소화)

슬프도다. 하늘이 우리나라를 멸망시키는구나.

百僚咸聽趙爺爺(백료함청조야야)

모든 관료가 곡소리 듣고

纔來廷請還門出(재래정청환문출)

마침내 궁에서 쫓기어 나는구나.

寧以吾身殉國家(영이오신순국가)

차라리 이 한 몸 순국하리다

    증조부께서 구한말 서산 용현계곡에 머물며 지은 시다. 시를 해석하다가 나도 모르게 눈시울이 뜨거워진다. 구한말 망국의 울분을 삼키며 고결한 삶을 추구하던 증조부의 모습이 그려져서다. 옛 문서는 지금의 언어와 다를 수 있으나 그 정신이나 뜻은 살아서 숨 쉬고 있다.

    한시로 적혀있는 〈존재 유진하 선생 유고 시집〉이 영롱한 아침 햇살을 받으며 세상에 나오리다. 증조부의 부활이 영원하길.

- 수필과 비평 2023-9 제263호

천년 고목을 보며

　저녁노을이 붉게 물들어간다. 김장배추를 다듬어 놓고 장인과 산사로 향한다. 가끔 가는 산사다. 이포나루를 건너면 용문사가 가까이 자리하고 있다. 새들은 저무는 해를 보며 안부를 주고받고 노란 은행잎은 한 잎 두 잎 비행하여 자리 잡는다. 산사에 들어서니 마당 한가운데 은행나무가 오벨리스크처럼 하늘로 솟아 있다. 수북이 쌓인 은행잎은 마치 노란 양탄자를 깔아놓은 듯하다. 대웅전 처마에 걸린 풍경이 청아한 소리를 내며 귀에 내려앉는다.

　가을은 너무 짧다. 오는듯하다가 떠나버린다. 그윽한 국화 향기는 마파람에 게 눈 감추듯 한다. 무더위에 지쳐서 시원한 가을바람을 기다렸는데 어느새 차가운 삭풍이 옷깃을 여민다. 고목을 바라보며 산사 카페에 앉았다.

"저 고목의 나이가 얼마나 됐을까?"

장인이 따끈한 차 한 모금을 마시며 나이를 따진다. 고목은 오랜 세월의 묵묵한 향기가 뿜어내고 있다. 하늘 높이 올라간 줄기도 있지만, 삭정이가 된 가지도 있다. 금빛 노을에 비친 구름이 나뭇가지 위에 걸터앉았다. 어렴풋이 기억난다. 신라 마지막 임금, 경순왕의 세자인 마의태자가 망국의 한을 품고 금강산으로 향하다가 산사에 들러 심었다는 말을 들은듯하나 정확하지 않다. 장인은 신라의 고승인 의상대사가 꽂아둔 지팡이가 자라서 고목이 되었다고 한다.

어쨌든 천년 고목이다. 천년의 세월을 버티어낸 고목이 놀랍다. 말이 천년이지 상상이 되지 않는다. 고목에 얽힌 일화도 엄청나다. 일제강점기가 시작되기 전에 을미의병 때 일이다. 일본군이 의병의 집결지라는 이유로 용문사에 불을 질렀다. 절과 인근 숲이 모두 불타서 사라졌지만, 은행나무만은 오롯이 버텨냈다. 찾아오는 이들이 고목을 바라보며 '천왕 목'이라는 이름을 붙여 주는 이

유다. 천왕 목이라는 이름을 얻기까지 우여곡절이 수없이 많았으리라.

고목의 천 년을 인간의 백 년으로 견주어 보면 어떨까. 산술적으로 열 배나 되니 가당치도 않은 일이다. 하나 인간이 백 세 시대라지만, 이마저 쉬운 일 아니다. 현직에 있을 때 백 세 어른을 모시고 행사한 적이 있다. 당시 노인의 날 행사에 초대받은 어르신은 기천 명에 불과했다. 장인의 연세는 머지않아 백 세다. 고즈넉한 산사의 천년 고목 아래서 망 백의 장인과 찻잔을 기울이는 게 행운이다. 사실 친부모님은 일찍 돌아가셔서 그런지 모른다. 친부모님처럼 여기고 의지해 왔다.

백 년 산다고 무조건 좋은 일 아니다. 현대의학에 의존하여 목숨만 연장하는 것은 의미 없는 일이다. 몸과 마음이 건강하게 오래 살아야 한다. 지인이 고향 집에 다녀오더니 한숨을 내쉰다. 왜 그러냐고 물으니 묵묵부답이다. 궁금한 마음에 다그쳐 물으니, 그의 어머니가 치매가 왔다고 두런거린다. 며느리를 바라보고 '저 여자는 누구냐'고 물어서 난감했단다. 하는 수 없이 요양원으로 모셨다고 한다. 주변에서 그런 말을 들을 때마다 장인께 감사한다. 지난 저녁에는 화투 놀이를 했다. 장인은 허리를 빳빳이 세우고 별처럼 빛나는 눈빛으로 밤을 지새웠다. 그런데 같이 화투 놀이하는 자식들은 버티지 못하고 패잔병처럼 나가떨어졌다. 장모께서 사위 잠자게 그만하라고 다그쳐도 아랑곳하지 않고 화투패를 돌린다. 장인의 건강은 하느님의 큰 축복이다.

　장인은 천년 고목처럼 파란만장한 시대를 살아냈다. 일제강점기에 태어나서 갖은 수모를 겪었다. 피땀 흘려 지은 농사는 공출하고 나면 빈 곡간이다. 초근목피로 허기진 배를 채우며 연명했다. 삶이 순탄하지 못했다. 이어서 6.25 전쟁을 맞이하며 생사의 갈림길에서 겨우 목숨을 부지했다.

　장인을 돌이켜본다. 아직 할 일이 남은 듯하다. 천년 고목이 하늘을 떠받치고 있듯 갑년이 다된 자식을 뒷바라지하느라 고단하다. 자식들을 걱정하며 겨울 준비다. 무와 배추를 심어놓고 오기를 기다린다. 모두 모여 김장하는 모습을 보며 흐뭇해한다. 어느 귀퉁이 땅에 심었는지 모르나 돌아오는 길에 마늘, 서리태, 고춧가루…. 보따리, 보따리 챙겨주느라 바쁘다. 기나긴 질곡의 세월 속에 고목이 산사를 지켜내듯 장인은 가족에게 든든한 버팀목이었다.

　아침에 장인을 모시고 동네 목욕탕으로 갔다. 구두를 닦으면 하루가 기분이 좋고, 목욕하면 일주일이 가볍고, 이발을 하면 한 달이 즐겁다는 말이 있다. 이발사에게 그의 이발을 부탁하자 연세를 묻는다. 그는 머지않아 백 세라고 또렷하게 답이다. 머리를 감기고 등을 밀면서 자세히 보았다. 고단했던 세월의 흔적이 훈장처럼 온몸에 남아있다. 가슴이 먹먹하다.

부디 천년 고목처럼 오래오래 사시길.

– 수필과 비평 2022-2 제244호

5부

나와 마주하는 길

인생의 귀로가 하산길처럼 만만치 않다.
의학이 발전하여 살 시간은 자꾸만 길어지는데,
여생에 대한 밑그림이 어떤 모습인지
짙은 안개 속이다.

마지막 문자

어두운 침실이다. 자정 무렵 난데없이 스마트 폰에서 카톡 소리가 부산하다. 게슴츠레한 눈을 뜨고 들여다보니 동창 단톡방이다.

"○○ 씨의 둘째 아들입니다. 아버지의 단톡방에서 아버지의 소천을 알리게 되어 죄송합니다."

뜬금없는 문자다. 처음에는 스미싱인가 의심스러웠다. 자세히 보니 아침마다 카톡에 '좋은 아침입니다. 파이팅!' 하고 문자를 보내오던 단짝 친구다. 지난 추석에 전화를 걸어와서 오랜 시간 이야기를 나누었던 기억이 난다. 요사이 문자가 뜨막하여 궁금해하던 차다. 전화번호를 누르자 낯선 목소리다. 미국에 사는 그의 둘째 아들이란다. 한국에 출장 왔다가 일을 마치고 아버지를 뵈러 왔던 모양이다. 그는 집안에 인기척이 없어서 여기저기 살피다가 화장실에서 아버지의 시신을 발견하고 놀란 마음으로 단톡방에 띄운 것이다.

그의 마지막 문자는 그의 아들이 보내왔다. 내가 부러워하던 친구다. 그를 보며 내 신세를 들볶았다. 고교 시절 그보다 앞서 보려고 머리를 묶어 천장에 매달고 공부했다. 하나 부모님이 편찮으셔서 대학에 가지 못하고 짙은 안개 속에서 헤맸다. 끼닛거리가 없어서 동대문 시장에서 날품을 팔다가 시골로 내려왔다. 그의 삶은 나와 사뭇 다르다. 그는 부모를 잘 만나서 명문대학을 나와 유학까지 했다. 손대는 사업마다 물 묻은 바가지에 깨가 엉겨 붙듯 억수로 돈을 모았다. 모교 행사나 동창 모임에 나오면 큰돈을 쾌척하여 다른 이의 부러움을 샀다.

세상은 뜻대로 돌아가지 않는다. 나는 아들이 하나밖에 없다. 서울에 있는 대학에 보내려고 무던 애를 썼으나 뜻을 이루지 못했다. 아들이 서울로 가지 않겠다고 고집을 부렸기 때문이다. 한편으로는 고맙게 생각한다. 월급쟁이의 헐거운 주머니 사정을 이해해 주어서다. 가진 게 없는 가난한 자이기에 아들에게 해 줄 수 있는 게 아무것도 없어서 미안한 마음뿐이었다. 그러나 그는 자녀들을 일찌감치 미국으로 유학을 보내 그곳에서 자리를 잡았다고 입에서 침이 마르도록 자랑했다.

겉모습만 보고는 알 수 없다. 세상사 어느 구름에 비 들었는지 모른다. 그의 장례식장에서 어리둥절했다. 가족들이 보이지 않아서다. 수군거리는 이야기를 듣다가 귀를 의심했다. 다복한 가정인 줄 알았는데 아니다. 각자도생하느라 바빴다. 어렵사리 일궈 놓은 재산을 가지고 분탕질하다가 가정이 파탄 났다. 아내는 매사 성격이 맞지 않는다며 재산의 절반을 떼어 가고 자녀들은 한 푼이라도 더 챙겨보려고 아우성친 게다. 그래서인지 그는 홀로 벼룻길에 서서 기울어져 가는 석양을 바라보며 내게 하소연했던 걸 몰랐다. 지난 추석에 넋두리하던 일이 생생하다.

"아내, 자식 다 필요 없어."

가화만사성이라는 말이 크게 다가온다. 그는 아내와 이혼하고 자식들과 남남처럼 지냈다. 극단적인 선택을 하게 된 동기는 정확히 알 수 없으나 가족관계에서 온 것 같다. 현직에 있을 때 자살 원인을 찾고자 전문가들과 심리 부검을 해 본 경험이 있다. 자살의

원인은 수입의 감소나 실직 등 경제적인 이유보다 가족이나 친구 등 인간관계에서 오는 스트레스가 더 크게 나타났다.

인간이 인간을 슬프게 한다. 우리는 살아가면서 수많은 이와 인간관계를 맺으며 상처를 주고받는다. 그중에서 가까이 지내는 가족에게 받은 상처가 더 크고 더 아프고 더 오래간다. 가장이라는 완장이 두렵다. 무거운 짐을 지고 끝없는 사막을 건너는 낙타와 무엇이 다를까. 그저 사회에서 요구하는 대로 무거운 짐을 지고, 가정에서 필요한 대로 가족을 건사하느라 바빴다. 그를 보내며 아쉬움이 크게 남는다. 가족들이 그를 살뜰하게 보듬었더라면.

문득 화가 고갱이 생각난다. 죽음을 결심하고 남긴 작품이 큰 울림을 준다. 〈우리는 어디에서 왔는가. 우리는 누구인가. 우리는 어디로 가고 있는가.〉 의문 부호만 남겼다. 생각해 보면 생과 사의 갈림길에서 고독과 외로움이 절절했다. 삶과 죽음은 멀리 있는 게 아니라 붙어 있다.

순망치한이다. 친구가 떠나니 허허롭다. 서글픈 마음을 주체할 길이 없어 장례식을 뒤로하고 무작정 열차에 올랐다. 나도 모르게 몸이 해운대 백사장을 거닐고 있다. 파도는 피로한 기색을 보이지 않고 철썩철썩 소리 내며 아픈 가슴을 다독인다. 멀리 보이던 수평선이 내 눈에 바짝 다가온다.

"인생 백세시대라는데, 갑년 갓 지나 떠나다니 섭섭하구나. 잘 가게."

단톡방에 올렸다. 천상에 가면 내 마지막 문자에 답신이 와 있을지.

― 수필과 비평 2024-5 제271호

떨어지기

　개구리처럼 벽에 붙어있다. 박쥐처럼 거꾸로 매달려 있는 이도 보인다. 여기저기서 암벽을 올라가느라고 안간힘이다. 암벽을 오르는 이들은 같은 색깔의 홀드를 찾느라 눈동자가 바삐 움직인다. 한 젊은이가 발아래 홀드를 보더니 발끝을 세우고 한 발짝 옮긴다. 머리를 들어 위쪽 홀드를 노려보다가 원숭이처럼 팔을 쭉 뻗는다. 손으로 홀드를 잡고 발을 옮기려다가 균형을 잃고 바닥으로 뚝 떨어진다.

　그녀를 보며, 얼마나 아플지 내심 걱정했다. 그러나 즐거운 표정이다. 몸이 바닥에 닿자마자 가을바람에 낙엽처럼 가볍게 구른다. 잠시 몸을 고슴도치처럼 움츠리고 있다. 긴 호흡을 몇 번 하더니 아무렇지 않다는 듯 몸을 툭툭 털고 일어난다. 그 모습이 대견하여 박수 보냈다.

생경한 운동이다. 성당에서 미사를 마치고 등산을 가려고 하다가 비가 내려서 망설이고 있던 참이다. 지인이 실내 운동하러 가자고 하여서 무작정 따라나섰다. 대학교 인근에 있는 '실내 암벽등반 체험장'이다. 입구에는 젊은 남녀들이 비를 맞으며 즐거워한다. 앞줄에 서 있는 젊은이의 말이 귀에 솔깃하다. 초보 같다. 오늘은 '떨어지기' 연습만 제대로 해보겠다는 다짐이다. 그는 지난번에 검은색 홀드를 정복하려다가 떨어져서 허리를 다친 게다. 허리가 아프다면서도 다시 도전이다.

나이 먹은 이가 객기를 부리는 일인지 모른다. 그렇다고, 지인에게 못 하겠다고 할 수도 없는 노릇이다. 호기심이 가득했던 젊은 날의 기억이 주마등처럼 스쳐서 지나간다. 오서산에서 서해를 바라보며 뛰어내렸던 패러글라이딩, 남이섬에서 시퍼런 강물을 향해 몸을 던졌던 번지점프, 구곡폭포에서 빙벽 오르다가 떨어진 일 등 하나하나 기억이 난다.

구곡폭포 빙벽 사고로 오래 고생했다. '구곡' 소리만 들어도 진저리가 났다. 지인이 난도가 낮아서 초보자도 쉽게 할 수 있다고 하여서 호기심에 따라나선 게다. 다른 이들은 개구리처럼 빙벽에 붙어 올라가는데 나는 중간지점에서 발을 헛디뎌서 미끄러졌다. 갑자기 몸이 중심을 잃고 뚝 떨어지면서 암벽에 부디 치고 말았다. 등산 로프가 완충 역할을 해주어서 다행이었다. 전문가에게는 쉬운 코스나 내게는 무리였다. 사전에 충분한 연습을 하지 않고 따라 나선 탓이 크다.

세월이 흐르자, 추억이 되었다. 얼마 전 증조부 유고 시집을 번역하다가 구곡이 나와서 반가웠다. 유고 시집에 나오는 문양 구곡은 중국 고전에 나오는 구곡을 인용하여 썼다. 구곡은 꿈, 끼, 꾀, 깡, 꾼, 끈, 꼴, 깔, 끝이라는 구곡혼(九曲魂)이 담겨있다. 어쭙잖은 놈이 구곡폭포 빙벽에서 사고를 당했을 뿐 구곡폭포는 빼어난 곳이다. 지난여름에 가보니 아홉 골짜기를 휘돌아 흘러내리는 폭포수가 선녀의 날개옷처럼 하늘거리고 단아해 보였다. 오늘 암벽등반이 아무리 어렵더라도 훗날 아름다운 추억이 되리라 생각에 용기 냈다.

이윽고 차례가 왔다. 강사는 꼭 끼는 암벽 등반화와 암벽에 오를 복장을 검사한다. 그는 군에서 훈련하는 조교처럼 눈매가 날카롭다. 암벽등반은 위험하니 자신의 지시에 잘 따르라는 당부다.

"암벽등반은 올라가는 것보다 떨어지기가 먼저입니다."

그는 지휘봉을 들고 올라갈 홀드의 색깔을 가리키며 일러준다. 자칫 몸의 균형을 잃으면 떨어진다며 손으로 홀드 잡는 순서와 발을 올려놓는 순서를 하나하나 가르쳐주었다. 그리고 암벽등반은 올라가는 것보다 떨어지는 연습을 먼저 배워야 한다며 시범을 보인다. 일 미터, 이 미터, 삼 미터. 단계별로 연습이다. 옛날 구곡폭포 빙벽에서 떨어져 본 경험이 크게 도움 되었다. 무게중심이 발에 있으므로 서두르지 않고 조심조심 발을 옮겼다. 한나절 떨어지기 연습하자 잘했다는 칭찬이다. 암벽등반을 즐겨보란다.

강사의 한마디가 잔영으로 남았다. '암벽등반은 올라가는 것보다 떨어지기 연습이 먼저다.'라고 하는 말이 큰 울림을 준다. 이는 어디 암벽등반뿐이겠는가. 공무원 시험이나 기업체 입사 시험 등 취직 시험에 떨어지고, 크고 작은 창업 등 실패가 그러하리다. 시험에 떨어지고 사업의 실패는 성공을 위하여 담금질이며 내공을 쌓는 과정일 뿐이다.

다시 암벽등반에 나선다. 떨어지기 연습하러.

― 수필과 비평 작가회의 2024 제30집

나와 마주하는
길

낯선 초행길이다. 길은 험하고 가파른 산길이다. 일행은 좁은 산길을 앞서거니 뒤서거니 하며 걷는다. 사력을 다해 쫓아갔으나 뒤처지고 말았다. 깊은 산속이라 진퇴양난이다. 무조건 산봉우리를 바라보며 올라갔다. 낯선 길을 허둥대며 올라가 보니 봉우리가 나온다. 먼저 올라온 이는 기진맥진한 듯하다. 돌아갈 길이 까마득하다고 두런거린다. 올라온 길을 굽어보니 갑년 봉우리에 올라선 내 모습 같다. 지나온 발자국은 낯선 듯 익숙한 내 모습과 마주한다.

나는 내 의지와 상관없이 세상에 왔다. 전쟁의 여운이 채가시지 않은 시기다.

학교에 두 해나 일찍 가야 했다. 부모님이 두 살이나 위인 형들과 공부하라고 해서다. 아마 골목에서 아이들과 구슬치고 딱지 치는 내 모습이 마뜩잖았던 모양이다. 학교는 공부하는 곳 아니라 두들겨 맞는 곳이었다. 하루가 멀다고 얻어맞고 눈퉁이가 시퍼렇게 물들어서 집에 왔다. 왜냐하면, 나는 덩치 큰 형들에 애꿎은 화풀이 대상이 되었기 때문이다. 이뿐인가. 신발을 잃어버려서 맨발로 걸어온 적이 한두 번이 아니다. 학교는 고단한 삶의 출발점이다. 중고등학교는 성지순례 하듯 아버지를 따라서 이곳저곳으로 순례하였다. 대학은 인연이 없다. 들어갈 무렵 가정형편이 여의찮아서 냄새만 맡았다.

나는 새로운 내 길을 찾아야 했다. 새마을 깃발이 나부끼던 때다. '우리도 한번 잘살아보세….' 노랫소리가 아침마다 울려 퍼졌다. 초가집을 헐어내고 마을 길을 넓히느라 동네가 들썩였다. 사립문은 철문으로 바꾸고 토담은 시멘트 블록 담장으로 바꾸느라 분주했다. 사회를 이끌어가던 기성세대의 권위가 싫어서 청바지 입고 통기타를 둘러메고 길을 찾아 헤맸다. 한때 학생 운동하던 이들이 집으로 몰려와서 곤욕을 치렀다. 그들을 숨겨주었다는 이유로 여러 곳에 불려 다녔다. 부서지고 찢기는 고비마다 상처로 얼룩졌을지라도 꿈이 있었다. 하나 가진 것 없는 가난한 자라 할 수 있는 게 마땅치 않았다. 남의 밑에서 눈치 봐가며 일할 수밖에 없는 처지다. 이왕이면 너른 세상에서 일해보겠다고 공직을 택했다.

지나온 공직 여정이 애틋하다. 처음엔 낯설고 생경했다. 누구는 중간 간부가 되어서 들어오나 능력이 부족하여 바닥에서부터 기었다. 가만히 일하다 보니 내가 하고 싶은 일을 하는 게 아니라 꼭두각시처럼 시키는 일을 해야 했다. 참 묘한 일이다. 윗사람이 한마디 하면 내려오면서 한마디씩 이자가 붙는다. 나중에 보면 배보다 배꼽이 더 커져서 본 형체를 알아볼 수 없는 경우도 적지 않다. 때로는 도무지 알아볼 재간이 없어서 하늘을 멍하니 바라보며 흘러가는 구름에 묻기도 했다. 공직 생활이란 녹록하지 않다. 작은 톱니바퀴가 큰 톱니바퀴에 낀 격이니 고달플 수밖에 없는 노릇이다. 강산이 세 번이나 변할 시간을 다람쥐 쳇바퀴 돌 듯 그렇게 살았다.

갑년의 봉우리에 서 보니 만감이 교차한다. 산봉우리에서 만난 이들이 내 모습처럼 보인다. 이마에 깊은 주름은 지나온 인생의 훈장이라고 치자. 반듯하던 걸음걸이는 어디로 사라졌는지 그 기억이 아스라하다. 꽃처럼 아름답던 호시절은 간곳없고 호졸근하다. 어떤 이는 뒤란으로 밀려났다며 볼멘소리다. 서운해할 일은 아니다. 뒤란은 추억의 박물관이다. 장독대와 김치움에서 어머니의 얼굴이 아른거린다. 여기저기 널브러진, 괭이나 쇠스랑은 아버지의 삶 자체였다. 지게를 지고 누런 소를 따라 밭두렁 길을 걸어가던 그 모습은 영화 속에 주인공 같다. 내가 학교에 다녀와서 소 꼴을 베어서 지게에 지고 오던 모습은 조연의 한 장면일 거다. 마음속에 고단했던 세포들이 담쟁이넝쿨처럼 뻗어 나간다. 여기저기 얽히고설킨 길을 어떻게 지나왔는지 발자국마다 추억이 가득하다.

나는 크로노스(chronos)시간으로 갑년이다. 인생 백세시대라고 노래한다.

산에 오르는 일도 어려우나 내려가는 길도 만만치 않다. 오르는 길은 잘못 들으면 산봉우리를 바라보며 다시 방향을 잡을 수 있다. 그런데 내려가는 길은 목표 지점이 보이지 않아서 난감하다. 해가 기울고 짙은 어둠이 스미면 속수무책이다. 지도나 내비게이션도 무용지물이다. 곳곳에 세워진 안내 표지판은 낡아서 잘 보이지 않는다. 스스로 길을 찾을 수밖에 없다. 발아래를 살피고 먼 곳을 둘러보면서 더듬더듬 내려가야 한다. 도중에 행인을 마주치면 길을 물어볼 수 있으나 그 역시 길을 헤매고 있거나 엉뚱한 행보를 하는 경우가 적지 않다.

인생의 귀로가 하산길처럼 만만치 않다. 의학이 발전하여 살 시간은 자꾸만 길어지는데, 여생에 대한 밑그림이 어떤 모습인지 짙은 안개 속이다. 이제 자식에게 의지한다는 건 언감생심이다. 그들의 삶이 고단하기 때문이다. 어쩌면 가난한 부모를 봉양하고 자식을 돌보아야 하는 신세가 될지도 모른다. 잘살아보겠다는 꿈은 주인 잃은 물건처럼 먼지에 뒤덮인 채 숨만 헐떡인다.

하나, 길을 아는 이는 그 길밖에 모른다. 길은 무엇이던가. 원래 길이 없던 곳을 밟고 지나감으로써 새길이 생기는 것 아니던가. 베이비붐 세대는 절벽에 뿌리내린 소나무처럼 모질게 살아왔다. 지난날 길을 찾아 나섰듯 귀로에 새길을 찾아보면 어딘가 있으리다. 인생 백세시대라는 양적인 크로노스(chronos)시간은 중요하지 않다. 자칫 시간의 노예로 살기 십상이다. 이제 나와 마주하는 길은 질적인 카이로스(kairos) 시간의 길이다. '해야 할 일보다 하고 싶은 일'을 찾아 나선다.

나의 잊어버린
우산

　비가 내린다. 농 속에서 새 우산을 찾아 들고 길을 나선다. 예식장에 가는 길이라 양복을 차려입었다. 거리는 비가 갑자기 내려서인지 어수선하다. 가방을 머리에 이거나 스카프를 머리에 두르고 걸어가는 이, 처마 끝에서 쭈그리고 있는 이 등 각양각색이다. 우산을 펼쳐 드니 편안히 걸어갈 수 있다.

　역사(驛舍)에 들어서자, 우산을 비닐 주머니에 넣어 달라는 안내 방송이다. 긴 우산을 들고 가는 이가 툭 건드리며 지나간다. 지정된 좌석에 앉으니 선반 위에 올려놓은 우산에서 빗물이 뚝뚝 떨어진다. 누구의 것인지 모르겠다. 양복이 젖을까 봐 우산을 다른 쪽으로 밀어 놓았다.

서울 가까이 가자, 창밖에 비가 멈추었다. 하늘은 비구름의 그림자를 지우느라 바쁘다. 가까이 있는 안개구름과 먼 곳에 보이는 먹구름이 바람에 뒤엉켜서 어디론가 사라진다. 종착역을 알리는 방송이 흘러나온다. 승객들이 일어나서 나가려고 웅성거린다. 우산은 비 올 때만 필요한지 좌석 군데군데 놓고 내렸다.

나는 우산을 꼭 쥐고 예식장까지 왔다. 얼굴은 마스크로 가려서 누가 누군지 알 수가 없다. 간신히 혼주에게 축하 인사를 건네고 식당으로 들어서려던 참이다. 식당 입구에 있는 이가 우산을 놓고 들어가란다. 우산을 식당 입구에 있는 통에 집어넣었다. 식당이 복잡하다. 음식을 접시에 조금씩 담아서 테이블에 앉았다. 마스크를 벗고 식사하려는데 웬 이가 인사다. 그는 옛 직장에서 같이 일하던 동료다. 오랜만이라 무척 반갑게 인사를 나누고 식사를 했다. 그와 식사를 마치고 인근 카페에서 커피를 한잔하고 헤어지려던 참이다. 그는 차를 가져왔다며 같이 가자고 청한다. 아무런 생각 없이 차에 올라서 지난 이야기를 주거니 받거니 하며 왔다.

집에 도착하여 양복을 벗으며, 우산이 생각났다. 비가 내릴 때 양복을 비 맞지 않게 챙겨준 우산을 깜박 잊은 것이다. 예식장에 홀로 남겨진 우산을 생각하며 상념에 잠긴다. 우산이 나를 얼마나 원망했을까. 아마 사람 같으면 자신을 학대했다고 고발할지 모른다. 우리가 살아가면서 알게 모르게 고마움을 잊고 지내는 경우가 우산뿐이겠는가. 고마웠던 얼굴들이 영화필름처럼 돌아간다.

문득 고교 시절 미술 선생님이 기억난다. 한 학기를 남기고 학업을 그만둘 형편이었다. 아버지께서 하던 일이 잘못되어 하루아침에 벼랑 끝으로 내몰렸다. 담임선생님은 매일 조회 시간에 월사금 재촉이다. 월사금을 마련해 볼 요량이다. 당시 정부에서는 치산 녹화사업을 하느라 여러 곳에서 일손이 필요할 때다. 공사 현장에 감독을 찾아가서 자초지종을 이야기하자 쾌히 받아 주었다. 하루 일하면 짜장면 열 그릇값을 손에 쥘 수 있었으니, 학생으로서는 큰돈이다. 학비를 마련하느라 보름 정도 학교에 나가지 않자, 미술 선생님이 집으로 찾아왔다. 그는 내 사정을 알고 찾아온 게다. 월사금을 대신 내주었다며 학교에 나오라는 당부다.

그는 키가 훤칠한 미남형이다. 수업 시간에 하얀 백지를 나누어 주며 장래 꿈을 그려보라고 한다. 연필을 들고 한참 망설이다가 하늘에는 태양을 그리고 땅에는 조그만 산봉우리 세 개를 그려 넣었다. 그는 그림을 보며 무슨 의미냐고 내게 물었다. '태산이 높다 하되 태양 아래 뫼이로다.'라고 하자 그는 빙긋이 웃으며 마음에 들지 않는 표정을 지었다.

그 선생님 의견이다. 전국 학생미술대회에 출품해 보자고 한다. 각별한 관심을 가지고 지도를 해주었다. 하늘에 태양을 그리니 일본의 욱일승천기 같다며 구름으로 바꾸면 어떻겠냐고 하여서 군말 없이 태양을 지우고 구름을 그려 넣었다. 그리고 뫼 옆에 삽자루를 메고 있는 농부의 모습을 그렸다. 그림 주제는 '구름 나그네'라고 지어서 출품했다. 뜻밖에 입선작이라는 영광을 얻었다. 난생처음 받은 전국대회 상이다. 우울하게 지내던 내게 큰 기쁨이었다. 그는 집으로 초대하여 축하한다며 맛있는 부침을 만들어 주던 모습이 눈에 선하다.

"절망의 끝은 있어도 희망의 끝은 없다."

그 선생님이 늘 하던 말씀이다. 가정형편이 어려운 내게, 절망하지 말고 꿈을 가지라며 용기를 주었다. 고등학교를 졸업하고 고마운 마음에 선생님을 여러 해 찾아뵈었다. 그런데 어느 날부터인가부터 잊고 지냈다. 사회생활을 시작하면서 삶이 고단하다는 핑계를 댄 것이다. 지금은 어디서 무엇을 하고 계시는지조차 모른다.

나의 잊어버린 우산 속에 계시지 않을까.

    창밖에 비가 오락가락하고 있다. 잊어버린 우산이 자꾸 생각난다.

홀인원의 비밀

 어느 늦가을날이다. 지인이 골프장에 가자고 한다. 그는 골프에 재미를 붙였는지 주말이면 성화다. 차도 없고 골프채도 없을 때다. 이 핑계 저 핑계를 대가며 버티다가, 그 성화에 이기지 못하고 송아지가 장에 끌려가듯 골프장으로 향했다. 사실 골프를 칠 줄 모를 때다. 실내 연습장에서 아이언 몇 번 휘둘러 본 게 전부다.
 난생처음 골프장 구경이다. 클럽 하우스에서 내려다본 경치는 무릉도원 같다. 산자락을 휘감은 골프장은 한 폭의 그림이다. 골프를 치러 온 이들은 이방인 같다. 알록달록한 옷을 입고 카트에 올라 초원을 누비는 모습이 딴 세상 사람처럼 보였다. 처음 만난 동반 플레이어가 묻는다. 머리도 올리지 않은 내게 핸디가 얼마냐고 물어와서 당황스러웠다. 가까이 보이는 골프장 한가운데 분수는 보며 긴장을 풀었다.

운동시간이 되어 카트 앞으로 나갔다. 골프 매니저가 내 이름을 부르며 골프 백을 찾을 수 없다고 한다. 지인이 자신의 골프채로 같이 칠 거라고 하자, 그녀는 이상한 눈초리로 나를 바라본다. 하긴 전쟁터에 나가면서 총 없이 나간 격이니 낯설게 보였으리다.

우리 팀 차례다. 간단한 준비운동을 시키더니 티샷 순서를 정하잔다. 칠 줄 모른다고 말 구를 부탁했다. 첫 골퍼가 티박스에 올라가서 드라이버 샷을 날린다. 빨랫줄처럼 호쾌하게 날아간다. 두 번째, 세 번째 그녀가 굿-샷을 외친다. 마지막 내 차례다. 티박스에 올라가서 어리바리했다. 어린 시절 도리깨질하듯이 드라이버를 몇 번 휘둘러 보았다. 그녀는 뒤에서 다른 팀이 기다린다며 빨리 치라고 채근이다. 왼손으로 그립을 꽉 잡고 휘둘렀다. 몸은 머리의 말을 듣지 않고, 딴짓이다.

그들은 나를 안심시키려고 무던 애쓴다. 걱정하지 말고 다시 한 번 샷을 하란다. 자세를 잡고 드라이버를 휘둘러 보았으나 헛스윙이다. 그녀는 눈을 흘긴다. 드라이브를 놓고 아이언으로 티샷했다.

공이 땅바닥으로 뱀처럼 기어간다. 어쨌든 공이 앞으로 나가서 다행이다. 드라이버로 멀리 날린 이들은 모양이 나게 카트를 타고 달린다. 나는 공을 찾느라 풀숲을 헤맸다. 그녀는 경기 진행이 늦어진다며 서두르라고 독촉이다. 전반 홀 내내 잔디밭에서 허둥대다 끝났다. 잠시 후 후반 라운드가 시작되었다. 전반 홀 내내 걸어서인지 다리는 물먹은 솜뭉치처럼 무겁다.

그만두고 싶은 심정이다. 억지 춘향으로 골프를 치는데 그녀가 마지막 파-쓰리 홀이라고 한다. 마지막이라는 말이 귀에 솔깃하게 들렸다. 티박스에 올라가서 심호흡을 크게 한 번 하고 칠 번 아이언으로 힘주지 않고 자연스럽게 휘둘렀다.

"홀인원, 홀인원…."

그녀가 깡충깡충 뛰며 소리 지른다. 사실 들어가는 순간은 보지 못했다. 살짝 뒤땅 맞은 게 우연히 142m 홀컵으로 공이 빨려 들어간 것이다. 앞을 보지 못하는 이가 문고리 잡은 격이다. 때마침, 바람이 뒤에서 불어와 공이 조금 더 나간듯하다. 동반 플레이어가 난리다. 난생처음 홀인원 하는 모습을 보았다고 탄성이다. 그녀가 무전으로 연락한 듯하다. 앞뒤 홀 골퍼들이 홀인원

맞냐며 물어오고 클럽하우스에서도 경기 운영자가 달려온다. 멍석을 깔아놓고 큰절을 올리라 하여 엉겁결에 홀컵을 향해서 절을 올렸다. 홀인원이 뭔지도 잘 모른 채 무덤덤하게 집으로 돌아왔다.

골프 크럽 하우스에서 홀인원 증서가 날아왔다. 골프 협회서 초청이다. 한해 홀인원 한 이들을 불러모아 연말에 축하하는 자리다. 또 동반 플레이어가 다시 한번 라운드하자는 연락이다. 홀인원 할 때 동반 플레이어와 다시 모였다. 평생 골프를 친 이도 홀인원 하기 어렵다는데 첫 라운드에서 대단한 일 했다고 추켜세운다.

홀인원의 비밀이다. 홀인원은 누구나 할 수 있다. 하나 아무나 할 수 있는 게 아니다. 나무가 자라고 숲이 만들어질 수 있는 것은 혼자 힘으로 이룰 수 없다. 분명 햇빛 바람 수분, 그리고 누군가의 부지런한 정성의 손길이 있었다. 때로는 심술궂게 비바람이 불어와도, 내가 알지 못하는 선한 의지가 숨어 있다. 늦가을 불어오는 바람이 추워서 서운하다고 하였으나 홀인원 하는 데 일조했다. 차도 없고 골프채도 없는 내게 골프장에 가자고 성화를 부린 지인을 심술궂다고 두런거렸으나 그가 없었더라면 홀인원을 할 수 없었다.

세상이 심술궂다고 하여도 어딘가는 선한 귀퉁이가 있다. 무심히 스치는 바람도, 거리에서 마주하는 낯선 이도 모두가 소중한 존재다. 서재 한쪽에서 홀인원 기념패가 미소 짓고 있다. 오랜만에 입을 맞추며 회억에 잠긴다.

- 수필울 동인지 2021 제2집

일그러진 **일**요일

좌회전 신호를 기다리던 중이다. 뒤차가 계속하여 경적을 울린다. 신호를 위반하라는 소린가. 몹시 마음이 불안하여서 백미러를 보니 비상등까지 켜고 난리다. 혹시 위급한 환자가 있는지 걱정되어서 유턴하여 길을 터주었다. 깜박 속았다. 긴급한 차가 아니다. 그 차는 앞질러 가더니 성당 주차장으로 쑥 들어간다.

갑자기 경찰차가 사이렌 소리가 울린다. 요란한 소리를 내며 그 차 뒤를 따라서 성당 주차장으로 간다. 무슨 현행범이라도 잡는가 싶었다. 천천히 운전하여 성당 주차장으로 들어가자, 경찰차가 주차장을 뱅뱅 돈다. 마침내 앞질러 달려간 차를 찾더니 몇 마디하고 쪽지를 건넨다. 이내 내 차 앞으로 오더니 정중하게 경례다.

"신호 위반하셨죠."

갑자기 주차장이 어수선해졌다. 경찰차 사이렌 소리 때문이다. 다른 이들이 내차 주변으로 몰려온다. 내가 신호 위반하여 유턴한 탓이 크다. 도로교통법을 지켰더라면 사달이 나지 않았을 텐데 하는 생각에 심경이 복잡하다. 운전석에서 내려서 경찰에게 잘못했다고 이실직고하자 이상한 눈초리다. 그는 정장을 차려입은 나를 보며 멀쩡한 이가 법을 위반했다며 딱하다는 표정을 짓는다.

후회는 아무리 빨라도 늦다. 서로 편하고 안전하게 다니자고 만들어 놓은 법이다. 무슨 일이 있어도 지켜야만 했는데 남을 의식한 탓이 크다. 늘 '할 수 있었는데, 해야만 했는데.' 하며 후회를 거듭한다. 뒤차를 탓하거나 적발한 경찰을 원망하고 싶지 않다. 나를 슬프게 하는 것은 따로 있다. 의식이 반복되면 무의식이 되기 때문이다. 뭐든지 처음에 한 번 하는 게 어렵다. 두 번 세 번 하다 보면 무의식적으로 반복하기 때문이다.

신부가 일요일 강론을 마치고 알린다. 본당에 부제 서품을 받는 이가 두 분 있다며 결격사유를 알고 계신 분은 신부에게 직접 알려 달라는 당부다. 미사를 끝내고 나오는데 신자 중에 한 이가 부제의 결격사유를 신부에게 알렸다고 말한다. 부제 중에 한 이가 도로교통법을 위반하여 무단횡단하는 걸 봤다는 것이다. 신부는 난감해했으리라. 그 부제는 경찰에 들키지 않았을 뿐 도로교통법을 위반한 건 맞다. 누가 보든, 안보든 법은 지켜야 마땅하지 않은가. 홀로 있을 때 도리에 어그러짐이 없이 몸가짐을 잘하라는 가르침이 새롭다.

주임신부는 일요일이면 성당 주차 문제로 노심초사다. 성당 주변 도로에 무단 정차하거나 상가 앞에 차를 세워놓기 때문이다. 이에 따라 교통경찰이나 인근 주민들과 잦은 마찰을 빚는다. 신부는 답답한 마음에 신자들에게 대중교통을 이용하라고 당부하나 나 같은 사람이 있어서 크고 작은 교통사고가 일어난다.

인간은 미련한 면이 있다. 서로 편리하고 안전하게 살고자 법을 만들어 놓고 지키지 않는다. 옛날에는 도로교통법이 필요 없었다. 차가 없었기 때문이다. 요즘 누구나 차를 가지고 있다. 사람을 보호하기 위하여 차는 차도로 사람은 인도로 다니게 나누어 놓았다. 그리고 도로에서 자동차 사고가 자주 발생하자 차선을 만들고 신호등을 설치해 이를 지키도록 하고 있다. 도로교통법뿐만 아니라 모든 법이 그렇다. 법은 너와 나의 약속이다. 법을 탓해야 할 일인지, 사람을 탓해야 할 일인지 모르겠다. 법은 한자 그대로다. 물 수(水)에 갈 거(去)다. 한마디로 물이 흘러가듯 하는 게 법이다.

불법 유턴하다가 사고가 나지 않은 게 천만다행이다. 만약에 반대 차선에서 차가 달려왔더라면 어떻게 되었을까. 아마 저승사자에게 잡혀갔을 거다. 혹자는 한번 실수는 '병가의 상사'라고 하며 두둔하려고 하나, 인간의 생사가 걸려있는 일은 절대 아니다. 이를 옹호하는 이가 늘어나면 세상이 두려워서 살 수 없다.

일그러진 일요일이다. 성당 가기가 두렵다. 환청인지 모르나 성당에서 경찰차 사이렌 소리가 계속 울린다.

이쯤 어쭙잖은 반성문을 갈무리한다. 어떻게 살아야 정답일지 알 수 없으나 명답은 있다. 의식이 반복되면 무의식이 되지 않을까 싶다.

잠보[*]

매사 조짐이 있다. 좋거나 나쁜 일이 생길 기미가 보이는 현상이다. 지진이나 큰비가 올 때 사전에 징조가 보인다. 인간의 움직임도 전에 나타나는 조짐이 있다. 바람이 불거나 깃발이 펄럭이는 게 아니라 마음이 펄럭인다. 지금 마음이 어디 있느냐가 중요하다. 마음속에는 사랑 분노 그리움 호기심 등 여러 가지가 있을 수 있다.

한때 호기심이 많았을 때다. 아프리카 외방 선교회 신부 말을 듣고 호기심이 발동했다. 사자를 때려잡았다는 마사이 전사를 보고 싶어서 무작정 길을 나섰다. 나이로비로 가는 직항이 없어서 홍콩에서 갈아탔다. 기내에 들어서자 검은 열기로 그득하다. 여기저기서 '잠보, 잠보' 하는 소리가 들린다. 영상 속에서 보았던 낯익은 얼굴들이다. 덩치 큰 승무원이 기내의 냄새를 없애느라 방향제를 뿌리고 지나간다. 이어서 슈카** 두른 승무원이 빵과 우유 팩을 집어 던지기에 받아먹었다.

생각보다 날씨가 좋다. 케냐 나이로비공항을 나오자, 초가을 날씨다. 행인들은 긴소매 옷을 걸치고 거리를 거닌다. 마침, 해방된 날이란다. 우리가 이야기하는 독립 기념일인 셈이다. 케냐는 과거 서구열강들이 눈독을 들였던 땅이다. 농사를 지을 수 있는 땅이 많아서다. 그들은 독일과 영국의 지배를 받으면서 토지를 탈취당하고 강제노역을 당했다. 마사이족은 예외다. 그들은 침략자의 뜻대로 되지 않았다. 마사이족은 사자뿐만 아니라 외부 침입자들이 두려워했던 부족이다.

공항 부근이 여행자들로 북적인다. 현지인에게 도움을 받으려고 하는 여행자들이다. 가까이 가서 보니 마사이마라 국립공원으로 가려는 이도 있다. 그 주변에서 서성였다. 올림픽에 출전한 마라톤선수처럼 키가 헌칠한 젊은이가 말을 건다. 그는 사진 한 장을 보여 주며 그는 자신이 마사이 전사라고 소개다. 사파리 안내 자격증까지 보여 주기에 믿고 그의 차에 올랐다. 그는 운전기사 겸 안내자다. 마침, 독일에서 온 부부가 타고 있었다.

시내를 벗어나자, 비포장도로다. 흙가루가 풀풀 날리고 차창 틈 사이로 흙먼지가 연신 들어온다. 길섶에 기린은 다 말라가는 아카시아 잎을 뜯으려고 목을 길게 뻗는다. 한참 달리자, 거북이가 길을 막고 있다. 차를 세우고 꼼짝하지 않는 거북이를 옮겨놓고 다시 갔다. 한나절 달린듯하다. 넓은 평원에 건물 하나가 보인다. 마사이 부족이 운영하는 전통공예품 가게다. 그곳에서 잠시 쉬었다. 그는 벽에 붙어있는 큰 사진을 가리키며 자신이라고 뽐낸다. 사자를 제압하고 서 있는 모습이 늠름해 보였다. 그는 옆에 있던 묵직한 사자상을 하나 줍더니, 사 달란다.

그는 해 질 무렵 일행을 낯선 롯지에 내려놓았다. 달빛도 없는 캄캄한 밤이다. 간단하게 요기를 하고 롯지 안으로 더듬더듬 기어서 들어갔다. 얼마나 먼 길을 왔는지 세상모르고 곯아떨어졌다. 새벽녘 잠이 깼다. 나지막한 벽면에 한 뼘 정도 되어 보이는 파란 도마뱀이 도배다. 돌 틈 사이로 하마가 주둥이를 벌리고 혀를 널름댄다. 순간 기겁해서 나도 모르게 비명을 질렀다. 그는 오더니 심드렁한 표정이다. 다른 곳으로 옮겨 달라고 부탁하자 추가로 요금을 내란다. 마사이 전사도 돈에 물이 든듯하다.

난생처음 사파리다. 차량은 녹슬고 오래되어 박물관에나 보내야 할 차다. 아니나 다를까 비가 내리자, 차가 수렁에 빠져서 오지도 가지도 못하는 신세가 되었다. 언덕에 보이던 사자가 슬금슬금 다가온다. 사자를 잡았다던 그는 꼼짝하지 않고 차 안에서 무전기만 만지작거린다. 수사자가 이빨로 차창을 득득 긁고 예리한 발톱으로 녹슨 철제문을 후벼판다. 나는 겁에 질려서 녹슨 철제문을 꼭 붙잡고 사자와 대치하느라 부들부들 떨었다. 그때, 독일인이 가져온 마취총으로 수사자를 제압하자 다른 사자가 달아났다. 알 수 없는 일이다. 신부가 알려준 마사이 전사는 보이지 않았다. 호기심에 마사이 전사 보러왔다가 자칫 사자의 밥이 될 뻔했다.

돌이켜 본다. 호기심은 새롭고 신기한 것을 좋아하거나 모르는 걸 알고 싶어 하는 마음이다. 내가 살아오면서 호기심 때문에 죽을 고비를 여러 번 겪었다. 오서산에서 패러글라이딩, 남이섬에서 번지점프, 구곡폭포에서 빙벽 타기 등 수없이 사고를 당했다. 아마 혼자 사고를 당했더라면 저세상 사람이 되었을 거다. 매번 옆에서 도와준 이가 있어서 목숨을 건졌다. 이번 호기심도 동행한 독일인이 있어서 살아났다. 글로 나마, 고마운 마음을 전하고 싶다.

지난 일을 회억해 본다. 내 생에 나의 마음을 움직이게 했던 힘은 호기심이다. 호기심이 사라지면 삶의 의미가 퇴색할듯하다. 오늘도 붉은 태양이 변함없이 아프리카 지평선 위로 솟아오를 거다. 빨간 슈카를 두르고 창조의 영감을 얻으러 뛰고 있을 마사이 전사가 어딘가 있으리다. 기회가 되면 다시 찾아가 보고 싶다.

    잠보!

---

* 잠보(Jambo)는 스와힐리어의 인사말이다.
** 슈카(Shuka): 아프리카 마사이족의 전통 의상이다.

오늘
아침

　잠들면서 청했다. 아침에 꼭 깨워 달라는 기도다. 스마트 폰에서 모닝콜 소리가 들린다. 동살이 창문을 비집고 들어온다. 하루가 통장에 충전되었다. 86,400원(초)이다. 오늘 하루를 통째로 받아놓고는 침대에 붙어있다. 현직에서 물러나고 마땅히 할 일이 없어서다.

　때로는 하루가 부족하다고 투덜댄 적도 있다. 먼동이 트는 새벽에 일어나 아침을 맞는다. 깔끔한 정장을 차려입고 관사를 나서면 시간의 노예다. 수행 직원이 건네주는 일정표에 따라 몸과 마음이 움직인다. 몇 시 무슨 회의에 참석하고, 몇 시에 어디 출장 가고, 몇 시에 누굴 면담하고, 그리고 행사장 이곳저곳을 찾아다니면서 인사하느라 바쁘다. 그렇지 않으면 버티어 낼 재간이 없었다. 시간이 남아서 개인 통장에 넣으려는 건 언감생심이다. 온종일 공적 통장만 사용하였다.

퇴직하자, 공적 통장은 사라지고 개인 통장이 생겼다. 공적 통장은 수많은 이에게 감시나 통제를 받으나 개인 통장은 아무도 신경을 쓰지 않는다. 어쩌다 모임에 나가거나 지인과 운동하러 가는 걸 빼고는 오롯이 내 마음대로다. 누가 시비하거나 잔소리하는 이 없다. 그런데 이상한 일이다. 사용하지 않으면 잔액이 쌓여야 할 텐데 잔액이 없다. 궁금한 마음에 통장을 정리해 보았다. 매일 아침에 꼬박꼬박 들어왔다가 하루가 지나면 사라진다. 온종일 일하든, 놀든 유효기간은 하루다.

정신이 번쩍 든다. 잔액이 무료하게 빠져나가서다. 무언가는 해야 했다. 대학이나 교육기관에 가서 강의해 본다. 나름대로 의미가 있다. 인재개발원 강의는 공직 후배와의 만남이다. 읍면동 장이나 시군구 과장, 시도의 팀장이 역량을 발휘할 수 있도록 도와주는 퍼실리테이터 역할이다. 그들을 만나니 현직처럼 느껴졌다. 그런데 강의 요청이 가물에 콩 나듯 한다. 매일 할 수 있는 일을 찾아 나섰다. 방송 모니터 활동이다. 모 방송국 진행자가 공중파를 개인의 사유물처럼 사용하여서 마뜩잖았다. 정치 편향적인 진행을 막아보고 싶어서 시작한 일이다.

아침부터 부산하다. 방송 모니터를 준비하느라 노트북과 컴퓨터를 켜고 라디오 주파수를 맞춘다. 진행자의 시작하는 말부터 코너별로 출연자 이야기, 음악 선곡에 이르기까지 빠짐없이 들으며 정리하느라 눈과 귀가 분주하다. 음악 선곡도 가사를 검색해 가며 날씨나 그날의 분위기에 어울리는지 따진다. 정치 편향적인 이야기가 나오면 녹음까지 해가며 듣는다. 사실 진행자나 방송작가, 그리고 피디가 하는 일을 지적하는 것이다.

공영방송은 청취자의 고단한 삶을 보듬는 일이다. 진행자의 따듯한 말 한마디가 차가운 마음을 녹여주고 사이사이 들려주는 음악이 기분을 크게 좌우한다. 하나 양고기가 맛있어도 열 사람 모두 맛있을 수는 없다. 이게 그들의 고민이다. 혹 출연자 중에 특정 집단의 이익을 대변하거나 특정 계층이 선호하는 언어를 사용하면 보편적 인식에 맞추어 달라고 지적한다. 사실 공영방송의 책임이 무겁다. 사회 각계각층을 대표하여 권력을 감시하고 시민의 알 권리를 채워주어야 하기 때문이다.

"편안히 주무셨습니까?"

진행자의 멘트가 살갑게 들린다. 아들 며느리를 대신하여 방송 진행자가 아침 안부를 여쭙는 세상인지 모른다.

하루가 즐겁다. 방송 모니터 활동을 하면서 매일 새로운 정보를 접하고 즐거운 노래를 들을 수 있기 때문이다. 게다가 진행자나 출연자, 그리고 음악 선곡 하나하나 챙겨볼 수 있어서, 마음이 뿌듯하다. 지난 경험을 살려서 방송 코너별로 잘된 점이나 고칠 점을 정리하여 방송국에 보내면 하루 일이 마무리된다.

삶의 즐거움은 큰 일에만 있는 게 아니다. 작은 변화가 일어날 때 진정한 삶을 살게 한다. 오늘 아침에 방송을 모니터하면서, 기억에 남는 말이 있다. 도쿄올림픽 후담 중 서핑 결승전 이야기다. '똑같은 파도는 절대 다시 오지 않습니다. 선수들이 불평할 필요 없이 주어진 상황에서 열심히 하면….'

통장 잔액을 다시 정리해 본다. 똑같은 파도는 다시 오지 않듯 오늘 아침은 절대 다시 오지 않는다. 매일 아침 뜨는 해가 같아 보이지만, 다른 햇귀다. 아침을 열며 스스로 아침 인사를 건넨다.

"안녕하신가영."

팝 퀴즈 pop quiz

금요일 저녁이다. 팝 퀴즈 때문에 바쁘다. 서점에 가서 손주가 다니는 학교 이름을 대고 공부하는 책을 찾아서 뒤적인다. 책을 펴 놓고 읽어 보면 생각보다 어려운 내용이 들어 있다. 손주의 입장을 헤아려가며 몇 개 골라서 적는다. 때로는 이해되지 않으면 책을 사 와서 집에서 읽어 본다. 토요일 아침이면 가족 카톡방에 먼저 아침 안부를 묻는다. 굿-모닝, 손주에게 한 주 고생 많았다고 격려의 메시지를 올린다. 끝에 '팝 퀴즈 할 사람.' 한마디 덧붙인다.

손녀가 '넹.' 하고 짧게 답한다. 이내 손자 녀석도 '저도요.' 하고 손을 번쩍 든 이모콘을 보내온다. 요즘 팝 퀴즈가 유행이다. 잉글리시 팝 퀴즈, 자격증 시험 팝 퀴즈, 심지어 치매 예방 팝 퀴즈까지 등장했다. 팝 퀴즈라는 말은 원래 외래어다. 팝(pop)이라는 단어는 '갑작스러운'이라는 뜻으로 사용되며, 퀴즈(quiz)는 어떤 질문에 대한 답을 알아맞히는 놀이나 그 질문을 이르는 말이다. 쉽게 말해서 예고 없이 치르는 시험, 일명 '쪽지 시험'이라고 할 수 있다.

문득 지난 기억이 머리를 헤집고 나온다. 연말이면 예산 작업 하느라 눈코를 뜰 새 없다. 직원들이 톱니바퀴처럼 돌아간다. 인건비, 기관운영비, 각 사업비를 각자 맡은 대로 따져야 수요를 판단하고 재원 대책을 세울 수 있기 때문이다. 그러기에 직원이 하나라도 빠지면 진행이 어렵다. 어느 날 지인이 찾아와서 식사하자고 한다. 그는 함께 근무하던 직원의 부친이다. 얼마나 바쁘면 일요일에도 쉬지 않고 일하냐고 내게 따진다. 가만히 들어보니 손주 때문이다. 손주에게 전화하면 바쁘다고 끊어버린단다. 서운했던 모양이다. 그는 궁리 끝에 짜장면을 시켜놓고 아들 가족을 부른 것이다. 아들이 온다고 해놓고 예산 작업하느라 짜장면이 다 불어 터지도록 오지 않자, 속이 상해서 찾아온 게다. 바쁜 아들에게 부담 주지 말고 손주와 소통하는 방법을 찾아보라고 말했다.

그 일이 남의 일이 아니다. 어느새 내가 그 자리에 와있다. 손주와 소통하는 방법을 생각하다가 팝 퀴즈를 시작했다. 처음에는 '나는 누구인가, 할아버지는, 외할아버지'는 하면서 가족에 머물렀다.

자주 소통하며 학교생활 그리고 사회생활까지 이어졌다. 손주의 관심이 어디 있는지 찾느라 긴 시간이 걸렸다.

"팝 퀴즈 ① 승연아. 이번 주 기억에 남는 일은."

이번 주는 '붕어빵 장사'라고 한다. 손녀는 학교에서 있었던 일뿐만 아니라 길거리에서 보고 느낀 일까지 보내온다. 동네 어귀에 붕어빵 장사가 나타난 게다. 사진까지 찍어서 붙였다. 하긴 더운 여름이 떠나기 싫어서 뭉그적대다가 엊그제 떠났다. 가을이 성큼 다가오자, 붕어빵 장사가 등장하여 신기하게 보였나 보다.

"팝 퀴즈 ②. 준선아. 스티커 274개를 가지고 있다. 이 스티커를 친구 한 명에게 12개씩 나누어주려고 한다. 남지 않게 나누어주려면 스티커는 적어도 몇 개가 더 있어야 할까."

손자는 답을 올리며 으쓱거린다. 암산으로 풀었다고 자랑이다. 조금 수준 높은 문제를 올려보았다. 어렵다고 내동댕이친다. 손을 놓치지 않으려고 상금까지 걸고 게임을 하는 손주를 카톡으로 불러들였다. 여기저기 물어 본듯하다. 정답이 올라왔다. 손자 통장에 상금과 보너스를 바로 입금하였다. 이렇게 매주 말이면 팝 퀴즈로 소통한다. 그간 헤아려보니 칠백여 개가 넘는다. 이쯤 아들과 며느리에게 고맙다는 말을 전하고 싶다. 늙을 막 외롭지 않게 소통할 수 있는 손주를 낳아주어서다.

앞으로 얼마나 더 할 수 있을지 모른다. 하느님만 알 일이다. 유언 삼아 마지막 팝 퀴즈는 미리 보내 놓는 게 좋을성싶다.

"승연아. 준선아. 증조할아버지께서 내게(할아버지) 당부한 말은 무얼까."

당연히 모를 거다. 행여 치매가 오면 알려 줄 수 없을 것 같아서 미리 답을 알려 준다. 어린 날 시골에서 살았다. 밭에서 쟁기질할 때다. 증조할아버지가 갈아놓은 이랑은 반듯한데, 내가 갈면 밭이랑이 삐뚤빼뚤했다. 증조할아버지가 내 모습을 보며 당부한 말이다.

"밭을 반듯하게 갈려면 바로 아래를 보지 말고 멀리 있는 뽕나무 그루를 보고 가라."

귀로의 에움길에서 곰곰이 생각해 본다. 손주가 전화를 받지 않는다고 서운해하거나, 아들에게 짜장면 시켜놓고 먹으러 오라 해도 오지 않았다고 넋두리할 일 아니다. 농경사회가 아닌 유목문화 속에 살아가고 있다. 아들딸 며느리 손주가 세계를 누비고 있다. 이제 그들 입장에서 바라보고, 그들 상황에서 생각하고, 그들 마음으로 느껴보는 일 외에는 없지 않을까. 물리적 공간만 우길 게 아니라 가상공간에서라도 소통하면 되리다.

벌써 한 주가 지났다. 팝 퀴즈를 준비하여야 할 시간이다. 이번 주는 무슨 주제로 손주와 이야기를 나눌지 고심 중이다. 국어 영어 수학보다 '지혜의 날개를 달아 주는 팝 퀴즈'를 카톡에 올리고 싶다.

명함, 버렸습니다

펴낸날 _ 2024년 11월 15일 (초판 1쇄)
지은이 _ 유병덕
펴낸곳 _ 기획출판 오름 / 발행인 _ 김태웅
        등록번호 _ 동구 제364-1999-000006호
        등록일자 _ 1999년 2월 25일
        주소 _ 대전광역시 동구 대전로 815번길 125 2층 (삼성동)
        전화 _ 042.637.1486
        E-mail _ orumplus@hanmail.net

ISBN _ 979-11-94471-00-4

값 17,000원

· 잘못된 책은 바꾸어드립니다.
· 지은이와의 협의에 의해 인지는 생략합니다.
· 본 책 내용의 전부 또는 일부를 재사용하려면 반드시 저자의 동의를 얻어야 합니다.

※ 이 책은 대전광역시 | 대전문화재단 에서 발간비를 보조 받았습니다.